Claudio Aloi, Franco Brizi,
Stefano Dello Schiavo, Renzo Demaria.

THE SINGLES

La più completa rassegna dei 45 giri
pubblicati in Italia
*The most comprehensive round up
of the singles issued in Italy*

edizioni Applausi

THE SINGLES

La più completa rassegna dei 45 giri
pubblicati in Italia
*The most comprehensive round up
of the singles issued in Italy*

Raccolta e organizzata da - *Collected and organized by:*

**Claudio Aloi, Franco Brizi
Stefano Dello Schiavo, Renzo Demaria**

Redazione e supervisione di - *Supervised and Edited by:*
Claudio Aloi

Immagine di copertina - *Cover image:* "Disco Poker 60 anni dopo"
(Disco Poker 60 years later) collage di-*by* **Maurizio Galia**

Copertina, impaginazione e realizzazione grafica - *Artwork and Graphic Design by:* **Maurizio Galia**

Retro copertina: "Cartolina promozionale autografata dai primi 5 componenti"
Back Cover image: "Promotional Card signed by the original line-up"
Gentilmente fornita da - *courtesy of:*
Claudio Belletti *of RUBBER SOUL music store* - Torino- *Turin*

Un ringraziamento speciale al sito www.stones7.com, che raccoglie la più completa collezione dei singoli pubblicati dai Rolling Stones per averci concesso l'uso di alcune immagini contenute in questo libro.
Special thanks to www.stones7.com, The Rolling Stones worldwide 7" singles and EPs discography, for kindly allowing us the use of some of its pictures contained in this book.

Gli autori ricordano con affetto due amici, profondi conoscitori e grandi appassionati dei Rolling Stones: Il prof. **Sergio Chimenti** e **Dario De Donno**

Prima edizione - *First Edition:* Febbraio - *February* 2021
Stampato da - *Printed by* **Universal Books**, Contrada Cutura 236 - 87036 - Rende (CS) Italy
© Edizioni Applausi
edizioniapplausi@libero.it
Tutti i diritti riservati a norma di legge - *All rights reserved*

Traduzione inglese- *English text and translation by:* Lewis McKenzie
ISBN: 978 888957 119 4

Prefazione di Claudio Scarpa

Credo fossimo nel 1964... Mi chiama al telefono un mio amico, **Ruggero**, che mi dice trionfante e con tono di alta cospirazione: "...se oggi pomeriggio vieni a casa mia ti faccio ascoltare il 45 dei Rolling Stones che ho comprato stamattina...". Precisiamo che all'epoca non era come oggi: ascolti una nuova canzone e poi la riascolti magari dopo una settimana; l'acquisto di un 45 giri era un vero e proprio avvenimento e chi lo acquistava, era capace di ascoltarlo anche 20 volte al giorno per almeno una decina di giorni!
Pranzo frugale, per dirla alla Tex Willer, e immediatamente a casa di Ruggero per scoprire questi ormai alquanto famosi antagonisti dei Beatles! La sorpresa fu enorme: le due canzoni (**"Not Fade Away"** e **"Little By Little"**) ascoltate - le ascoltammo dalla fonovaligia Lesa almeno 4 volte ognuna! – nulla avevano a che fare con i Beatles... E io mi chiesi come mai questi due complessi, così diversi tra loro, potevano mai essere in continuo antagonismo. Difatti fui uno dei pochi che adorava sia i Beatles che gli Stones! Quando dilagò l'infinito derby (pareva si parlasse di Roma-Lazio, Torino-Juventus o Inter-Milan!) fra Stones e Beatles io mi divertivo e acquistavo tutti i 45 giri di ognuno di loro. Il primo vero 45 giri che mi catturò completamente fu **"The Last Time / Play With Fire"**, due brani spettacolosi e che finalmente ci davano l'opportunità di ballare un lento anche con i dischi dei Rolling Stones!
La seconda metà del 1965 fu per me un momento innovativo, magico e irripetibile, anche se per certi versi triste: la fine di un primo vero amore corrisposto, ma durato un solo giorno per il semplice fatto che non riuscimmo più a rivederci; troppo lungo qui da raccontare. Avevo 16 anni e i miei genitori, mi mandarono per tre mesi a Milano dai miei zii e mia cugina, che ancora non avevo mai conosciuto. La città meneghina era avanzatissima rispetto a Roma: già nel 1965 c'erano dei negozi beat e in questi si notavano capi d'abbigliamento che a Roma non avevo mai visto! Un bel giorno mia cugina – che era mia coetanea – mi dice che l'indomani saremmo andati in un negozio in centro, poiché c'era l'uscita del nuovo 45 dei Rolling Stones! In tutta sincerità non ricordo se si trattasse delle Messaggerie Musicali, di Ricordi o un altro negozio: so soltanto che la mattina dopo eravamo un bel po' di ragazze e ragazzi in attesa dell'apertura. Quando tirarono su le serrande, sorpresa! Il singolo di Satisfaction riempiva le vetrine e all'apertura, quelle note maledette di uno dei riff più diffusi e copiati di tutti i tempi ci assalì con la sua veemente forza penetrativa! Che disco fantastico! In tanti ballammo direttamente nel negozio e tutti acquistammo il 45 giri miracoloso!
    Da questo momento inizia la vera e propria saga degli Stones: un singolo dopo l'altro che non perde un colpo, neanche quando uscì poi il criticato **"She's a Rainbow / 2000 Light Years From Home"** stroncato dalla critica ma apprezzatissimo dai giovani!
Arrivò la fine degli anni sessanta ed anche la fine di **Brian Jones**, forse la Pietra più amata da

tutti, soprattutto da chi esaminava i membri sotto l'aspetto musicale. Dopo di lui, furono Stones, ma molto più rock-blues e molto meno innovativi e psichedelici. Ho continuato ad amarli e il 29 settembre del 1970 al Palasport dell'EUR di Roma, li vedo per la prima volta dal vivo: **Mick** è vestito con qualcosa di bianco, entra in palco correndo, con un cesto di fiori (rose?) arriva in prossimità del pubblico e lancia i fiori: è un uragano di sfrenata passione, tutti in delirio, per un qualcosa che ti entra dentro e ci resta per sempre.

Ne è passato di tempo. Quando l'amico **Claudio Aloi** mi ha chiesto di scrivere un mio ricordo che li riguardasse, per il suo nuovo libro, ho accettato con piacere. Un libro certamente unico e indispensabile per tutti gli amanti di quelle Pietre che, a dispetto del tempo e di tutto, continuano a rotolare ancora oggi !!!

Foreword by Claudio Scarpa

*I think it was in 1964 ... **Ruggero**, a friend of mine called me on the phone and said triumphantly with a tone of high conspiracy "... **if you come to my house this afternoon I'll let you listen to the brand new 45 of the Rolling Stones I bought this morning ...**". It has to be said that at the time it was not like today: to listen to a new song and then maybe not hear it again for a week; the purchase of a 45 rpm was a real event and whoever bought it, was able to listen to it even 20 times a day for at least ten days!*
*Frugal lunch, as Tex Willer would say and immediately to Ruggero's to discover these by now somewhat famous antagonists of the Beatles.The surprise was enormous: the two songs (**"Not Fade Away** and **Little By Little"**) listened to - we listened to them from the Lesa phono suitcase at least 4 times each! - they had nothing to do with the Beatles ... And I wondered why these two bands, so different one from the other, were such constant antagonists. In fact, I was one of the few who loved both the Beatles and the Stones! When the infinite derby broke out (it seemed that we were talking about Roma-Lazio, Torino-Juventus or Inter-Milan!) between Stones and Beatles I had fun and bought all 45s of each of them. The first real 45 rpm that captured me completely was **"The Last Time / Play With Fire"**, two spectacular tracks that finally gave us the opportunity to slow dance even to the Rolling Stones' records! The second half of 1965 was for me an innovative, magical and unrepeatable moment, even if in some ways sad: the end of a first true love which lasted only one day for the simple fact that we could no longer meet again; too long a story to tell here. I was 16 and my parents sent me to Milan for three months with my uncles and my cousin, whom I had never met. The Milanese city was very advanced compared to Rome: already in 1965 there were beat shops and in these there were clothing items that I had never seen in Rome! One fine day my cousin -*

who was my age - tells me that the next day we would go to a shop in the center, since they were releasing the new 45 of the Rolling Stones! In all honesty, I don't remember if it was the Messaggerie Musicali, Ricordi or another shop: I only know that the next morning there were quite a few girls and boys waiting for the opening. When they pulled up the shutters, surprise! Satisfaction filled the windows and upon opening, those immortal notes of one of the most popular and copied riffs of all time attacked us with their vehement ,penetrative force! What a fantastic record! Many danced directly in the shop and all bought the miraculous 45 rpm!
From this moment the real Stones saga begins: one single after another without missing a beat, not even with the release of the much criticized **"She's a Rainbow/2000 Light Years from Home"**; panned by critics but highly appreciated by young people
The end of the sixties arrived and also the end of **Brian Jones**, perhaps the most loved Stone of all, especially by those who examined the members from a musical point of view. After him, they were Stones, but much more rock-blues and much less innovative and psychedelic. I continued to love them and on September 29, 1970 at the EUR Palasport in Rome, I saw them for the first time live: Mick is dressed in something white, he enters the stage running, with a basket of flowers (roses?) Right at the front of the stage up close to the fans and throws the flowers: it is a hurricane of unbridled passion, all delirious, for something that gets inside of you and stays there forever.
It's been a long time. When my friend **Claudio Aloi** asked me to write a memory of mine concerning them, for his new book, I accepted with pleasure. A book that is certainly unique and indispensable for all lovers of those Stones that, despite the weather and everything, continue to roll today.

Claudio Scarpa

THE ROLLING STONES

Introduzione

Mettere ordine nella discografia italiana a 45 giri di un gruppo prolifico come i Rolling Stones non è impresa facile: il nostro paese, infatti, ha sempre dimostrato una grande ammirazione per gli Stones e di conseguenza si è dimostrato un ottimo mercato sia per le incisioni dell'etichetta DECCA che per quelle della ROLLING STONES RECORDS. A testimonianza di ciò restano alcune edizioni dedicate esclusivamente ai fans italiani e, proprio per questo, particolarmente interessanti ed appetite sul mercato collezionistico mondiale. Indicazioni sulle incisioni "made in Italy" della band sono presenti sul web e su riviste specializzate, ma imprecisioni, errori ed omissioni si ritrovano un po' ovunque, con il rischio di fuorviare o non soddisfare appieno le esigenze dei collezionisti più fedeli.
Lo scopo del lavoro è di ordinare le edizioni a 45 giri per il mercato italiano secondo una cronologia temporale, illustrando le differenti copertine, le diversità nelle etichette e arricchendo le descrizioni con notizie, curiosità e note tecniche relative a ciascuna di esse.
Voglio fin d'ora ringraziare tutti coloro che hanno fornito contributi piccoli e grandi, utili al completamento dell'opera, **Luca Botto, Claudio Belletti, Gianfermo Cadei, Franco Quaglia** e **Luca Accialini** il cui testo **"Worldwide updated discography"** è stato fonte di ispirazione per questo libro. Sono grato in particolare al signor Antonio C., ex dirigente della Decca Italia s.p.a. che mi ha concesso l'opportunità di consultare diversi tabulati commerciali della sua azienda e meraviglioso materiale pubblicitario del periodo 1963-72, dai quali ho tratto preziose indicazioni. Antonio, che mi ha chiesto di mantenere l'anonimato, oggi non c'è più e purtroppo non può vedere e giudicare questo lavoro a cui ho dedicato la passione che lui mi ha sempre suggerito di applicare.
Un grande ringraziamento a **Claudio Scarpa**, uno dei pochi miei amici che può orgogliosamente affermare "io c'ero" in riferimento agli anni d'oro della band e al loro concerto del 1970 a Roma e a **Lewis McKenzie** per la traduzione inglese.

Claudio Aloi

Introduction

*To organize the Italian discography of 7" released by a prolific band like the Rolling Stones is not an easy job: Italy always showed a great liking for the Stones revealing to be an extremely interesting market for both releases on the DECCA and ROLLING STONES RECORDS labels. To prove that, some issues were released as exclusive for Italian fans and they are today extremely sought after by international collectors. A lot of indications about the **"made in Italy"** releases of the band can be found on the web and on specialized magazines, but the presence of mistakes, inaccuracies and gaps risks misleading or not being able to fulfill all collectors' requests. The aim of this work is to list the 7" releases for the Italian market in chronological order, picturing the different sleeves and labels, enriched with news, oddities and technical features of each of them.*

*I wish to thank all those who have made small and large contributions, useful for completing the work, **Luca Botto, Claudio Belletti, Gianfermo Cadei, Franco Quaglia** and **Luca Accialini**, whose text **"Worldwide updated discography"** was the source of inspiration for this book. I am particularly grateful to **Mr. Antonio C.**, a former manager of Decca Italia s.p.a. who gave me the opportunity to consult various commercial reports of his Company and wonderful advertising material of the period 1963-72, from which I have drawn valuable indications. Antonio, who asked me to remain anonymous, is no longer there and unfortunately he cannot see and judge this work to which I have dedicated the passion that he has always suggested to me to apply.*

*A big thank you to **Claudio Scarpa**, one of the few friends of mine who can proudly say "I was there" in reference to the band's golden years and their 1970 concert in Rome and to **Lewis McKenzie** for the accurate English translation.*

Claudio Aloi

Guida alla consultazione

Questo testo è dedicato esclusivamente ai fans e collezionisti più accaniti, non si troveranno pertanto notizie al di fuori delle caratteristiche delle diverse realizzazioni a 45 giri per il mercato italiano e le poche note biografiche incluse sono essenzialmente a supporto dell'edizione a cui si fa riferimento.

E' stato preso in esame l'intervallo dal 1964 al 1985 con un'appendice per le edizioni per il circuito dei juke box fino al 1998 relative alla band, mentre per ragioni di spazio le incisioni da solisti e le partecipazioni si fermano al 1985.

Le edizioni promozionali inserite fanno riferimento alle realizzazioni per juke box e per il circuito radiofonico, non sono stati invece, per mancanza di informazioni, presi in esame i dischi utilizzati per "test pressing", i cosiddetti "provini" realizzati in poche copie e impiegati esclusivamente per un controllo dell'incisione prima della sua stampa definitiva.

A completare la ricca iconografia e incrementare il contesto storico-culturale della trattazione, sono state inserite immagini di cartoline promozionali, locandine e pubblicità tratte da riviste e da cataloghi originali della DECCA Italia S.p.A. e di Edizioni RICORDI S.p.A. utilizzate nel corso degli anni per il mercato italiano.

How to use the guide

This text is dedicated exclusively to 'Diehard' fans and collectors, therefore there will be no news outside the characteristics of the various issues for the Italian market and the few biographical notes included are essentially in support of the edition to which they refer.

The interval from 1964 to 1985 was examined with an appendix for the juke box editions up to 1998 relating to the band, while for reasons of space the solo recordings and the participations end in 1985.

The promotional editions listed refer to the issues for juke boxes and for the broadcast networks, on the other hand, due to lack of information, the records used for "test pressing" have not been taken into consideration.

To complete the rich iconography and increase the historical and cultural context of the discussion, images of promotional postcards, posters and advertisements taken from magazines and original catalogs of DECCA Italia S.p.A. and Edizioni RICORDI S.p.A. - used over the years to promote the records for the Italian market - have been included.

Cartolina della Davoli per promuovere il microfono modello "Bazooka"
Postcard issued by Davoli to promote the "Bazooka" microphone

THE SINGLES

1964

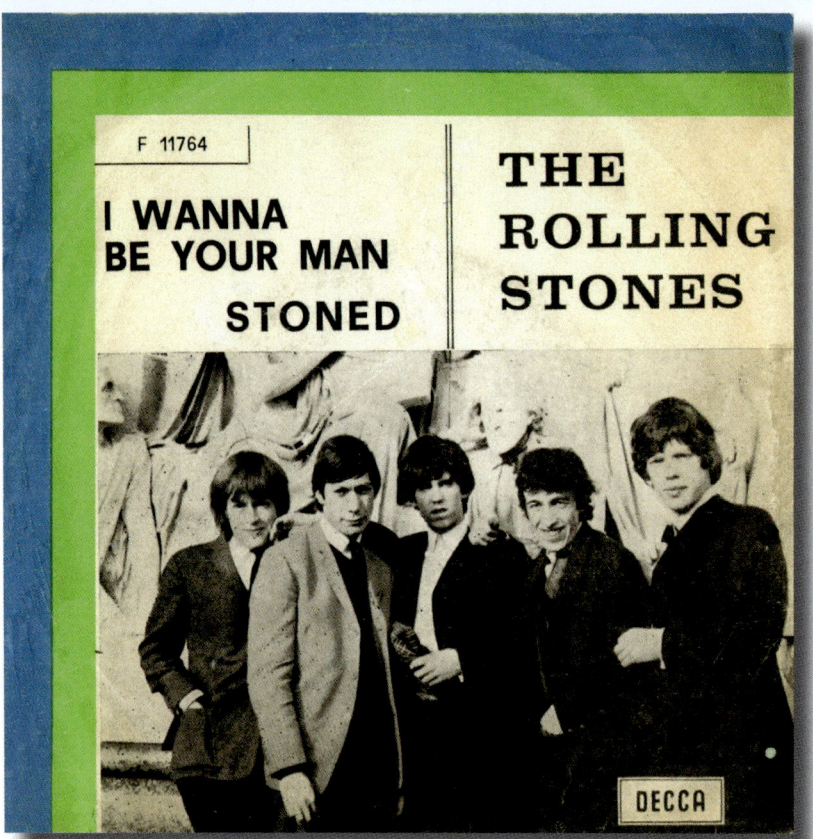

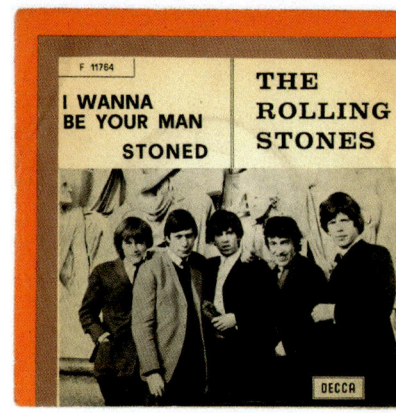

I wanna be your man/Stoned
DECCA F-11764
XDRF-31954-T1-1T; XDRF-31954-T1-1T (12.6.1964)

La prima incisione per il mercato italiano coincide con la seconda uscita in madre patria ed avviene con un ritardo di quasi un anno, con distribuzione nei negozi a partire da agosto 1964. La copertina è realizzata con il tipico artwork noto come copertina "a fascetta" con una banda colorata sui due lati, che la DECCA Italia riserva ai 45 giri di musica pop. E' noto che la casa discografica non esercitava alcun controllo sui colori delle bande in copertina, che venivano gestiti direttamente dallo studio grafico: questo ha portato inevitabilmente a una generazione di versioni con colori differenti che, uniti ad alcune modifiche imposte

1964

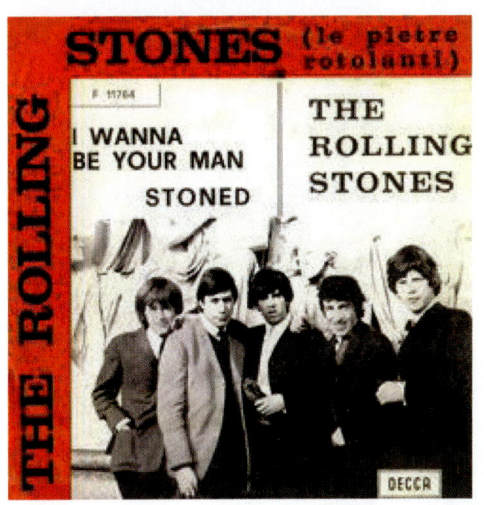

dalla DECCA, ha creato una certa confusione sulla cronologia delle emissioni. Proviamo a fare ordine: la prima edizione stampata in 500 copie ha doppia banda verde/azzurra (**1**) o arancio/marrone (**2**). Le edizioni successive realizzate probabilmente solo a partire da fine anno, hanno banda di colore unico in cui campeggia la scritta "THE ROLLING STONES" accompagnata dalla traduzione letterale *"le pietre rotolanti"*. La prima edizione con fascia monocolore, riporta il nome della band sia sulla fascia rossa che all'interno del riquadro bianco (**3**) e viene abbandonata in favore di versioni con il nome del gruppo solo sulle fasce colorate (**4,5,6,7**). L'etichetta è azzurra con logo DECCA aperto. Un marchiano errore tipografico contraddistingue le prime stampe: gli autori di *"I wanna be your man"* Lennon, McCartney diventano Nennon, McCartney (**8**). L'etichetta sul lato a riporta il contrassegno BIEM rinchiuso in un riquadro o tra due trattini (**9**); quest'ultima sul lato b riporta il richiamo all'editore musicale Southern Music (**10**) mentre normalmente è presente semplicemente Southern in riquadro (**11**). Soltanto mesi dopo la prima uscita l'errore *"Nennon"* verrà corretto (**12**), queste stampe riportano, inoltre in etichetta sul lato a il marchio BIEM tra due trattini ed il logo dell'editore musicale Southern relativo al lato b libero (**13**). Alcune copie presentano invece sul lato a il marchio dell'editore musicale Mecolico (**14**); la presenza di una zigrinatura in rilievo intorno all'etichetta, assente in tutte le altre stampe, fa pensare per l'edizione con il nome di Lennon corretto a una produzione in uno stabilimento diverso. L'edizione destinata ai juke-box ha etichetta bianca con caratteri neri e riporta sempre l'errore Nennon, McCartney (**15**).

1964

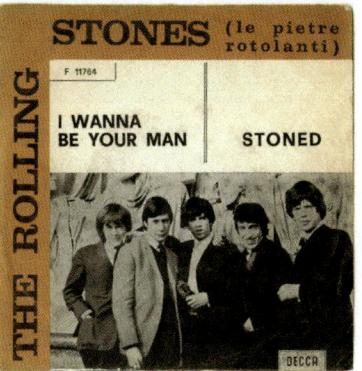

The first Italian issue coincides with the second English release, but reached the shops almost one year later (August 1964). The sleeve is the typical DECCA artwork dedicated to pop 7"singles of early 60's with a black and white picture of the band and a color border covering two sides. Since the DECCA Company didn't have any control on the colors of the borders, which were independently managed by the printers, this led to a certain confusion in the chronological order of the different releases. The first issue was of 500 copies and has a two colors border, either green and blue(**1**) or orange and brown (**2**). Then a version in red single color borders had the band's name printed twice (**3**) and was therefore quickly canceled in favor of editions with the name and its italian translation **"le pietre rotolanti"** printed only on the colored band that were issued from the end of 1964 (**4,5,6,7**).
The label is blue with curved DECCA logo. **"I wanna be your man"** is miscredited to Nen-

1964

I WANNA BE YOUR MAN

non, McCartney (**8**). The label on the side a shows the BIEM mark enclosed in a box or between two lines (**9**); the latter on the b side reports the reference to the music editor Southern Music (**10**) instead of Southern only (**11**). Only months after the first release, the **"Nennon"** error was corrected (**12**), these prints also bear the BIEM mark between two dashes and the Southern music publisher's logo unboxed on the side b (**13**). Some copies, on the other hand, have the mark of the music publisher Mecolico (**14**) on the a side; the presence of an embossed knurling around the label, absent in all other issues, makes one think for the edition with the correct name of Lennon to a production in a different plant. The juke box issue comes in white label with black lettering with the a-side is miscredited to **Nennon McCartney** (**15**).

1964

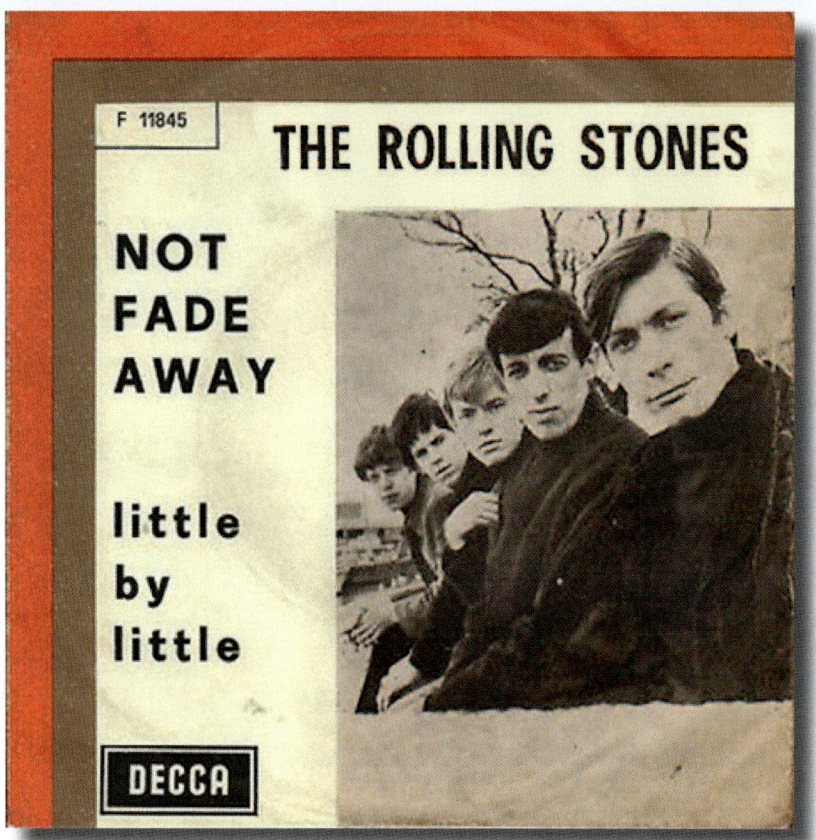

Not fade away/Little by little
DECCA F-11845
XDR-32719-T1; XDR-32720-T1 (13.4.1964)

Il secondo singolo degli Stones viene distribuito nei negozi italiani a partire da ottobre 1964, sebbene la data impressa sul vinile (Aprile 1964) indichi che fosse stato stampato prima di **"I wanna be your man"**. Anche in questo caso sono diverse le versioni dei colori delle bande della copertina e si ritiene che la prima edizione sia quella con banda a doppio colore, arancio/marrone **(16)** o verde/azzurra **(17)**. Le versioni successive, con fascia di colore unico riportano sempre il nome della band all'interno della fascia colorata **(18, 19, 20, 21, 22)**. Piccole differenze si riscontrano a carico dell'etichetta, azzurra con caratteri bianchi/ar-

1964

7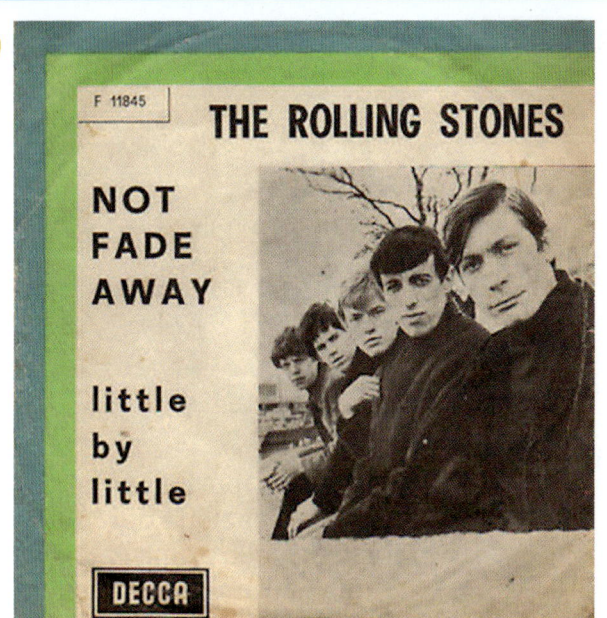

18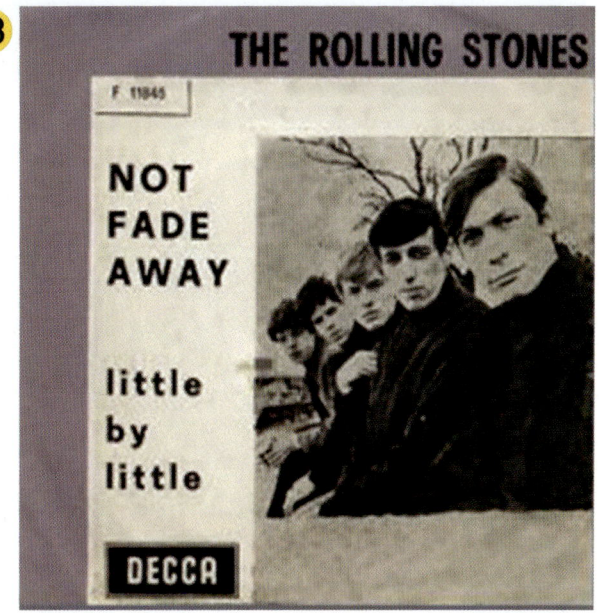

9

20

NOT FADE AWAY

1964

NOT FADE AWAY

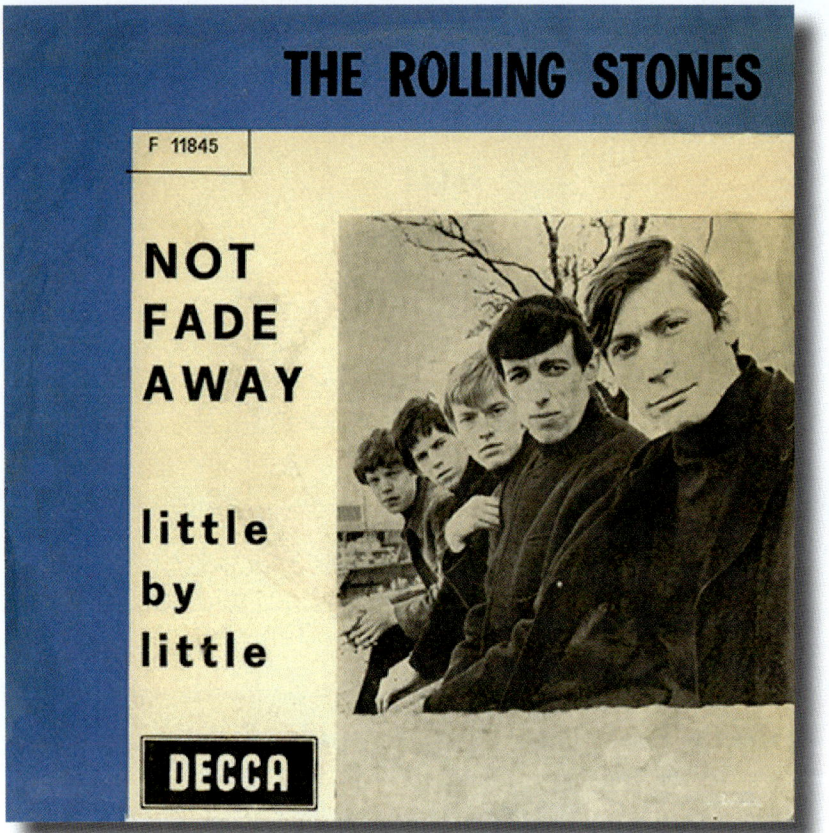

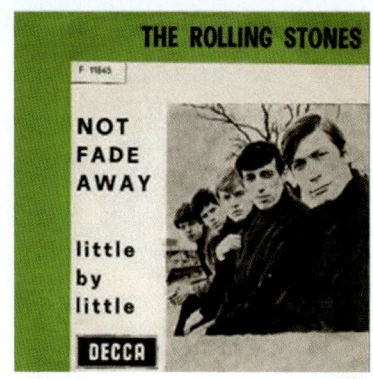

gento, che riporta semplicemente l'indicazione dei *"diritti riservati"* nella prima edizione **(23)** su entrambe le facciate, oppure il riferimento all'editore musicale "Southern" in riquadro **(24)** o libero con diversi caratteri **(25)**. L'edizione per juke-box ha l'etichetta nella consueta veste grafica con sfondo bianco e caratteri neri **(26)**.

The second single was distributed in the italian shops in October 1964, although printed in April, earlier than *"I wanna be your man"*. This issue was also released in different colors of the sleeve borders; the first release is assumed to be the double-colored border orange/brown **(16)** or green/blue **(17)**. Later issues, with borders in single colors have the name of the band written inside **(18, 19, 20, 21, 22)**. Small differences can be found on the label, always light blue with white/silver lettering, that reports simply *"diritti riservati"* in the first issue **(23)** on both faces, and the *"Southern"* publishing reference either boxed **(24)** or unboxed with slightly different types **(25)**. The juke box issue has white label with black lettering **(26)**.

1964

NOT FADE AWAY

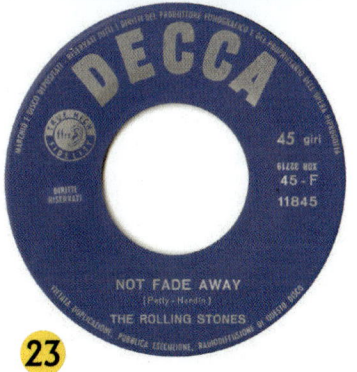

23 24 25

26

Cartolina promozionale della DECCA Italia, 1964
*Promotional postcard issued by
DECCA Italy, 1964*

1964

IT'S ALL OVER NOW

It's all over now/Good times bad times
DECCA F-11934
XDR-33543-T1-1C; XDR-33544-T1-1C (1964)

Novembre 1964 vede la pubblicazione di *"It's all over now"* nella consueta copertina a fascetta bicolore verde/azzurro *(27)* o arancio/marrone *(28)* nella prima edizione e con fascette in colore unico con differenze legate alla posizione del nome nella fascetta colorata in alto, rispettivamente con allineamento a destra *(29, 30)* allineamento all'incrocio delle fasce colorate *(31, 32)* o allineamento al centro della fascia superiore *(33, 34, 35, 36, 37)*. Il vinile non indica alcuna data di stampa e l'etichetta riporta sulla prima edizione il contrassegno BIEM in riquadro *(38)* sul lato a e sul lato b l'indicazione *"Diritti riservati"* in riquadro

1964

IT'S ALL OVER NOW

28

29

30

31
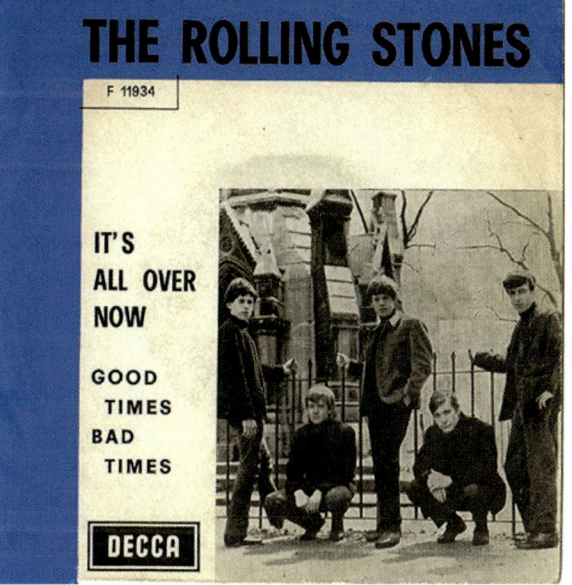

IT'S ALL OVER NOW

1964

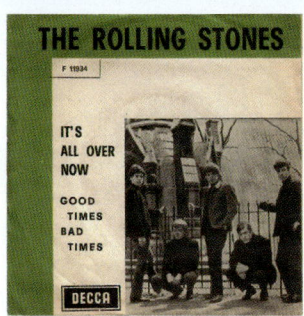
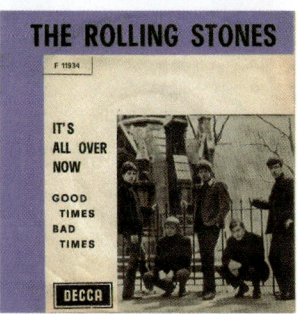

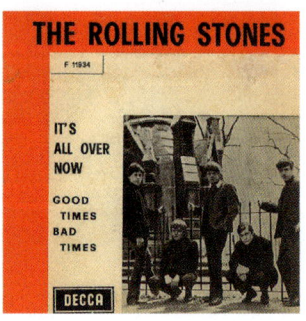

(39). Edizioni successive presentano il marchio BIEM in riquadro su entrambi i lati *(40)* e ristampe tardive sia il marchio BIEM che l'acronimo D.R. compresi tra due linee *(41, 42)*. L'edizione per juke box ha etichetta bianca con caratteri neri *(43)*.

"It's all over now" is released in November 1964 in the usual sleeve with double-colored borders green/blue *(27)* or orange/brown *(28)* in the first issue and with single colored borders in later issues with single color bands with differences related to the position of the name in the colored band at the top, respectively with

1964

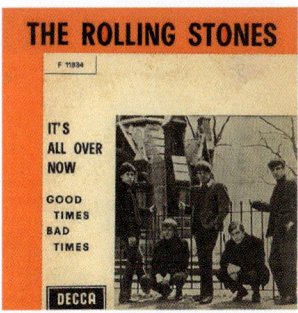

(37)

(38)

(39)

(40)

(41)

(42)

(43)

IT'S ALL OVER NOW

right alignment **(29, 30)** alignment at the intersection of the colored bands **(31, 32)** or in the center of the upper band **(33, 34, 35, 36, 37)**.

No printing date is reported on the vinyl. The label of the first release has on the a-side the boxed BIEM mark **(38)** and on the rear the boxed note **"Diritti riservati" (39)**. Subsequent issues show boxed BIEM marks on both sides **(40)** and late reissues have BIEM and DR marks both between two dashes **(41, 42)**. The juke-box release has white label with black lettering **(43)** with BIEM reference printed with little typing variations.

IL DISCO POKER

1964

 45

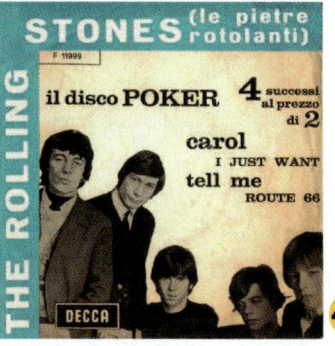 46

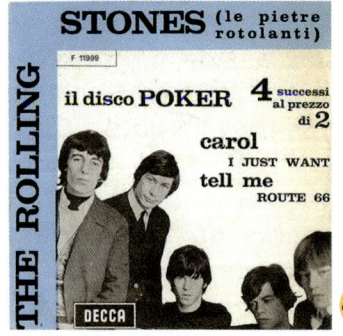 47

44

**Il disco Poker
Carol/I just wanna make love to you/Tell me/Route 66
DECCA F-11999
XARL EP 6272-A; XARL EP 6272-B (24.11.1964)**

Distribuito in dicembre e pensato come regalo natalizio per I fans italiani, il **Disco Poker** è l'unico extended play pubblicato dalla Decca Italiana. La copertina presenta una enorme varietà di versioni, tutte con banda a colore unico e traduzione del nome in italiano, differenti per il colore dei caratteri sia sulla banda colorata che all'interno. Curiosamente, presumibilmente per motivi di spazio, un titolo è stato abbreviato in *"I just want"*. La prima edizione ha il nome

1964

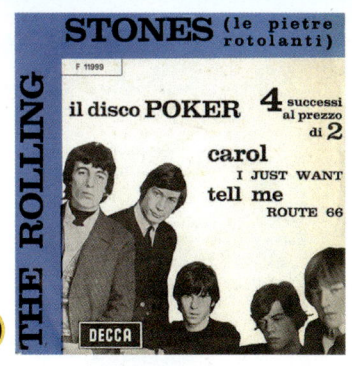

del gruppo scritto in bianco su fascetta azzurra e titoli in blu e nero **(44)**, poi i titoli diventano rossi **(45)** e infine neri **(46)**. Le edizioni successive hanno il nome della band scritto in nero all'interno della fascetta colorata **(47, 48, 49, 50, 51, 52, 53, 54, 55, 56, 57, 58, 59)**. L'etichetta della prima edizione presenta la nota DIRITTI RISERVATI in riquadro sul lato a e crediti SOUTHERN BIEM sovrapposti e liberi sul lato b **(60, 61)**. In seguito sul lato a si riporta il marchio BIEM in riquadro **(62)** e SOUTHERN BIEM sovrapposti e liberi sul lato b; infine il marchio BIEM sul lato a è stampato racchiuso tra due linee **(63)**. Dalla seconda edizione in poi, il titolo *"I just wanna make love to you"* è stampato senza il pronome *"I"*. Esiste anche in questo caso l'edizione per juke box in etichetta bianca **(64, 65)** in versioni che differiscono per la posizione dell'indicazione Edizione per juke-box e per la presenza di marchio BIEM o Diritti Riservati; esistono etichette sia con *"I just wanna make love to you"* che *"Just wanna make love to you"*.

Pubblicità del "Disco Poker" su riviste musicali italiane, Dicembre 1964
"Disco Poker" advertisement on italian music magazines, December 1964

Distributed in December 1964 and planned as a Christmas gift to italian fans, the Disco Poker is the only extended play released by Decca Italy. The sleeve has an incredible range of versions, all in single colored band with Italian translation of the name, but different in the colors of the lettering. The first issue has the group's name in white lettering on

IL DISCO POKER

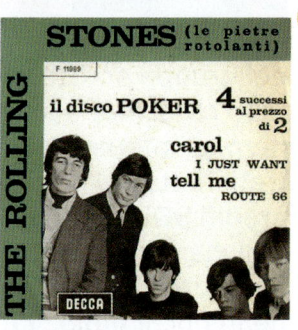

blue band **(44)**, then the lettering becomes red **(45)** and eventually black **(46)**. Later editions have the ROLLING STONES writing in black in colored bands **(47, 48, 49, 50, 51, 52, 53, 54, 55, 56, 57, 58, 59)**. Curiously a title, probably due to the lack of space on the sleeve, has been shortened to **"I just want"**. The label of the first issue has references to RIGHTS RESERVED boxed on side a and SOUTHERN BIEM unboxed on rear **(60, 61)**, later editions have boxed BIEM mark **(62)** and eventually the BIEM mark comes between two lines **(63)**.
From the second edition onwards, the title "I just wanna make love to you" is printed without the pronoun **"I"**. The edition for juke box in white label **(64, 65)** has versions differing in the position of the

1964

IL DISCO POKER

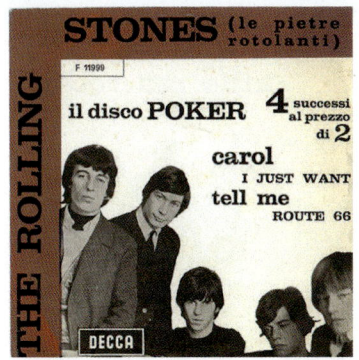
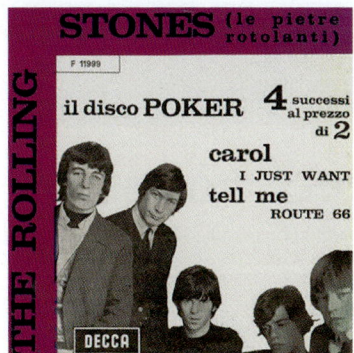
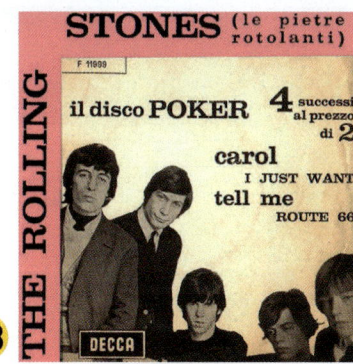
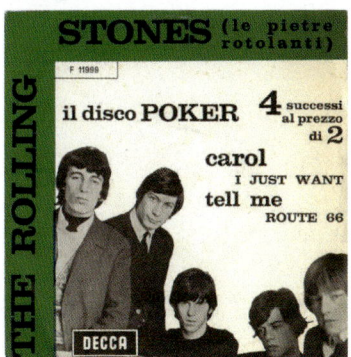

indication Edition for jukebox and for the presence of the BIEM trademark or Reserved Rights; labels exist with both **"I just wanna make love to you"** and **"Just wanna make love to you"**.

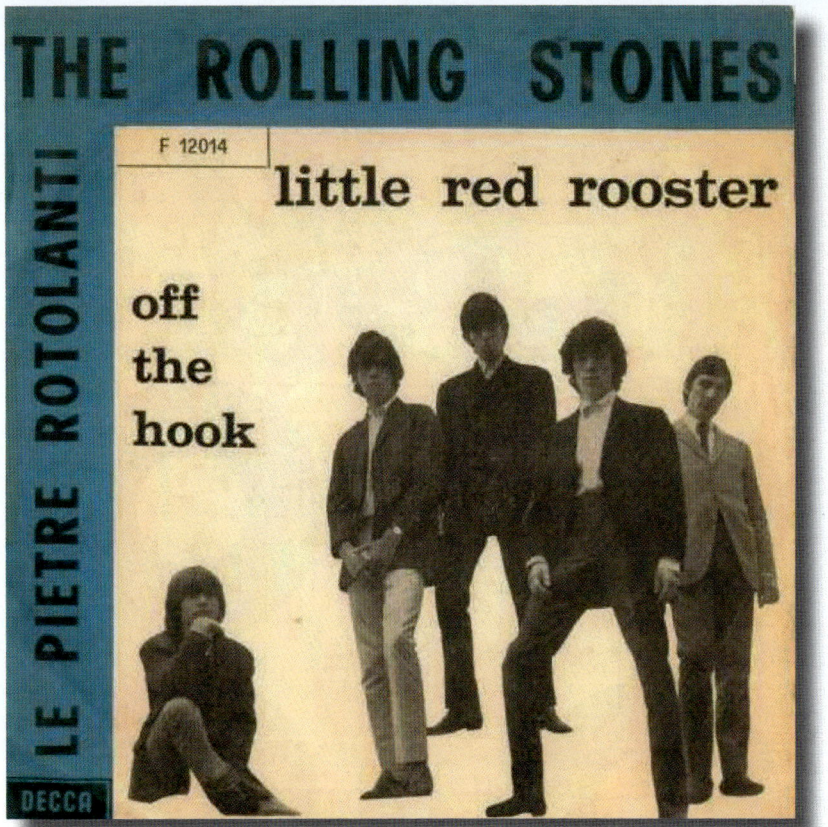

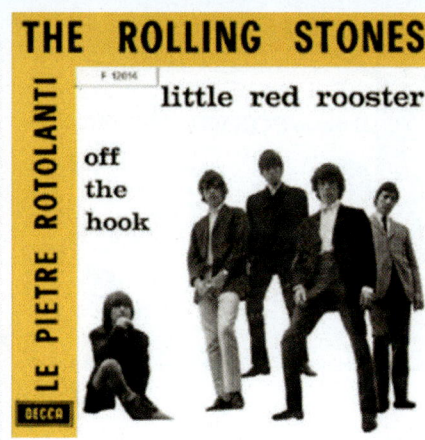

Little red rooster/Off the hook
DECCA F-12014
XDRF-34216-t1-1C; XDRF-34215-T1-1C (1964)

Immediatamente dopo *"It's all over now"*, verso metà dicembre 1964, entra in distribuzione "Little red rooster", di cui si conoscono 6 varianti cromatiche delle fascette di copertina. Tutte le varianti sono in colorazione singola e riportano la traduzione italiana del nome della band *"Le pietre rotolanti"*; l'edizione in fascetta rossa si presenta con due diverse tonalità di colore. La prima edizione è riconoscibile per la lettera *"L"* del titolo stampata quasi adiacente al rettangolo con il numero di catalogo **(67, 68, 69, 70)**, mentre nelle stampe successive la lettera *"L"* è leggermente distanziata dal rettangolo **(70, 71, 72, 73)**. Le etichette

1964

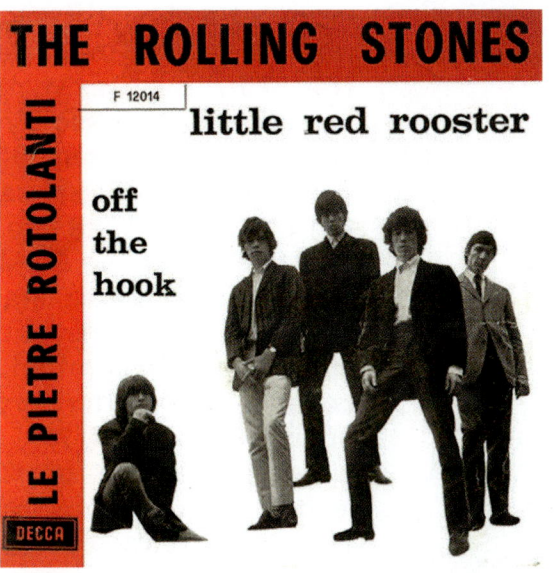
69

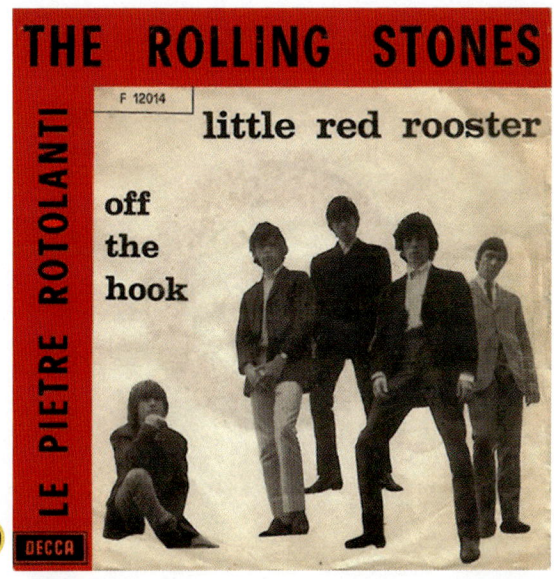
70

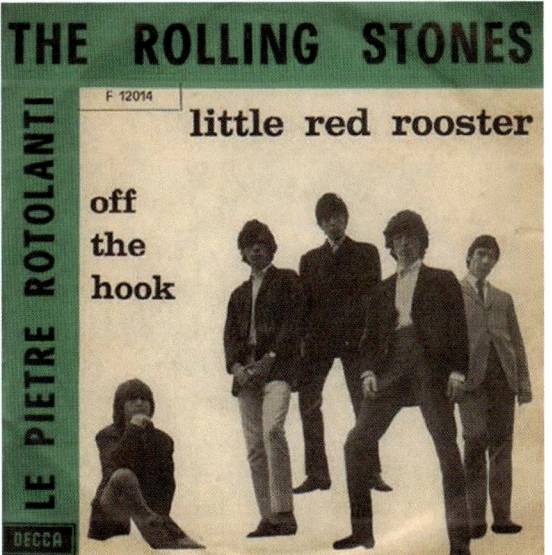
71

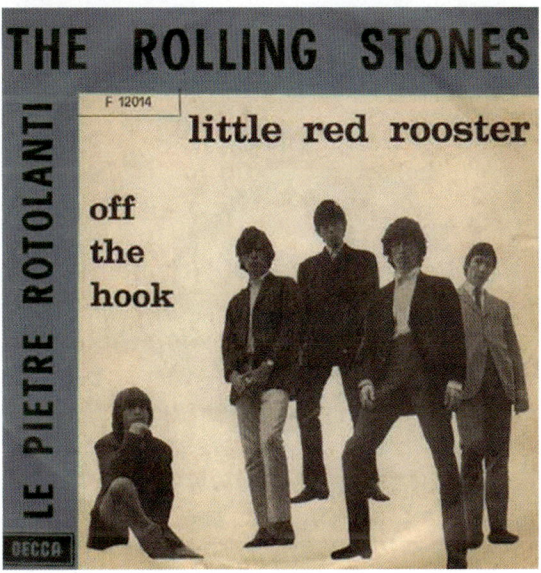
72

LITTLE RED ROOSTER

1964

della prima edizione riportano su entrambi i lati il marchio diritti riservati in riquadro **(74, 75)**, successivamente sul lato a è impresso il marchio dell'editore "Regent" tra due linee con diversi caratteri **(76)** e infine sul lato b è riportato il marchio BIEM tra due linee **(77)**. L'edizione per juke box è nella consueta etichetta bianca e caratteri neri con marchio "diritti riservati" oppure Regent **(78, 79)**. Una ulteriore edizione di **"Little red rooster"** apparirà nel 1967 quale retro di **"Get off of my cloud"** per la competizione "1° GETTONE D'ORO" destinata a premiare le canzoni maggiormente gettonate nei juke-boxes di quell'anno (vedi pag. 62).

Soon after the release of **"It's all over now"**, in the first half of December 1964, **"Little red rooster"** reaches the record stores. 6 different colors of the borders are known to exist, all in single color and all showing the Italian translation of the band's name. The issue in red band has been published with two different shades of color. The first edition is recognizable by the letter **"L"** is almost adjacent to the rectangle with the catalog number **(67, 68, 69)**, while in subsequent issues the letter **"L"** is slightly more distant from to the rectangle **(70, 71, 72, 73)**. The labels of the first edition show the boxed "rights reserved" mark on both sides **(74, 75)**, then the "Regent" publisher's mark is imprinted on the a side between two lines with slightly different types **(76)** and eventually on the b side is shown the BIEM brand between two lines **(77)**.

1964

LITTLE RED ROOSTER

 74
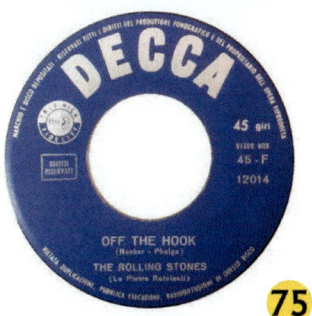 75
 76
 77
 78
 79

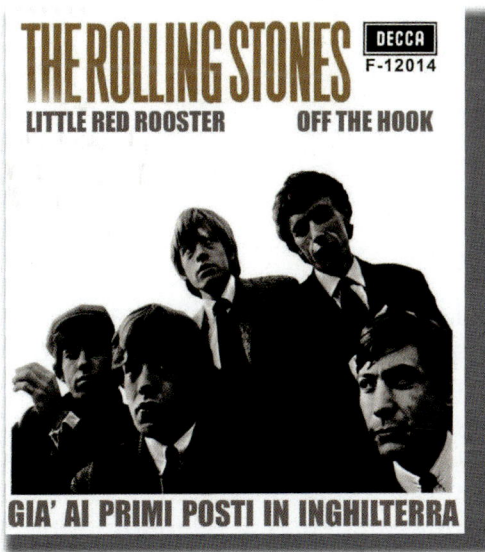

The juke box issue comes in the usual white label and black lettering **(78, 79)**. A further release of **"Little red rooster"** will appear in 1967 as b-side of **"Get off of my cloud"** for a special issue taking part in the "1° GOLDEN TOKEN" special Italian juke box contest of that year (see page 62).

Volantino pubblicitario della DECCA Italia, 1964
Promotional leaflet issued by Decca Italy, late 1964

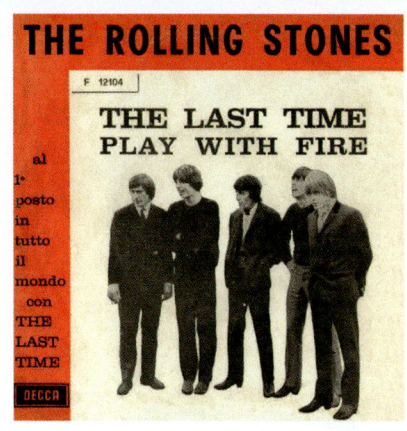

The last time/Play with fire
DECCA F-12104
XDRF-35209-t1-2C; XDRF-35210-T1-2C (1965)

Nella primavera del 1965 fa la sua comparsa sugli scaffali dei negozi di dischi in Italia il singolo *"The last time/Play with fire"*, curiosamente presentato su alcune riviste come "il ballo della scimmia". La copertina, nella consueta versione "a fascetta" si presenta in 6 diversi colori **(80, 81, 82, 83, 84, 85)** e l'etichetta riporta sul lato a il marchio BIEM in riquadro **(86)** e sul lato b la dicitura DIRITTI RISERVATI in riquadro **(87)** o il marchio BIEM in riquadro **(88)**. L'edizione per juke box ha etichetta bianca con caratteri neri **(89)**.
Inspiegabilmente, nel 1966, forse per dare seguito al grande successo di *"Satisfaction"*, o

1965

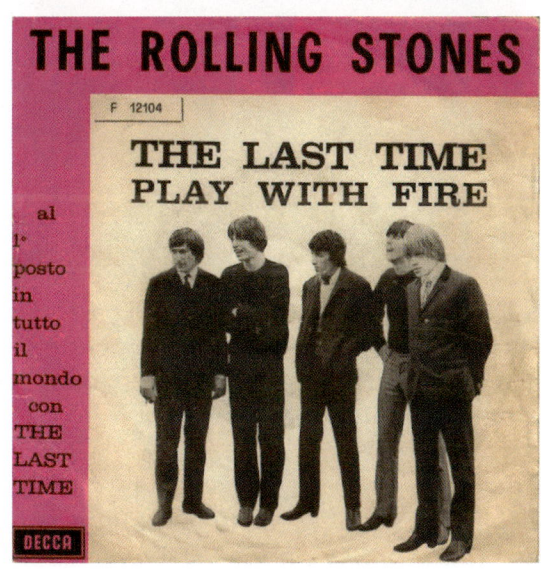

THE LAST TIME

perché non più veritiero lo slogan di copertina, il disco farà ritorno in distribuzione con una nuova veste grafica, molto più attraente con richiamo alla copertina del primo Long playing della band. Questa nuova edizione presenta anche una versione con titolo stampato in ca-

1965

THE LAST TIME

ratteri rossi anziché azzurri *(90, 91)*. Questa edizione presenta in etichetta il marchio BIEM tra due linee su entrambe le facciate *(92, 93)*. Anche *"The last time"* parteciperà nel 1967 alla competizione per il circuito juke-box "1° GETTONE D'ORO" in una edizione con *"Lady Jane"* sul lato b (vedi pag.63).

"The last time" hits the italian market in spring 1965, oddly presented on few magazines as *"the monkey dance"*. The sleeve has the usual black and white picture surrounded by colored borders, 6 different colors are known to exist *(80, 81, 82, 83, 84, 85)*; the label has few variances, the first issue has on the side a the boxed BIEM mark and the boxed note RIGHTS RESERVED on side b *(86, 87)*; later reissue show on b side the boxed BIEM mark *(88)*. The juke box version has black lettering on white label *(89)*.

1965

THE LAST TIME

86  87  88

89  92  93

Misteriously, likely to follow the enthusiastic success of **"Satisfaction"**, in 1966 the record is re-released with a brand new sleeve artwork recalling the picture of the first long playing of the group. Some copies had the song titles in red lettering instead of light blue **(90, 91)**. The labels of this issue show the mark BIEM between two dashes **(92, 93)**. Also "The last time" took part in the summer of 1967 "1st GOLDEN TOKEN" juke box competition, the special issue in white label and black lettering is backed by **"Lady Jane"** (see pag.63).

Pubblicità di "The last time" su riviste musicali italiane, 1965 - "The last time" advertisement on italian music magazines, 1965.

L'ultimo irresistibile successo dei
The Rolling Stones
«The last time» (Il ballo della scimmia)

SATISFACTION

1965

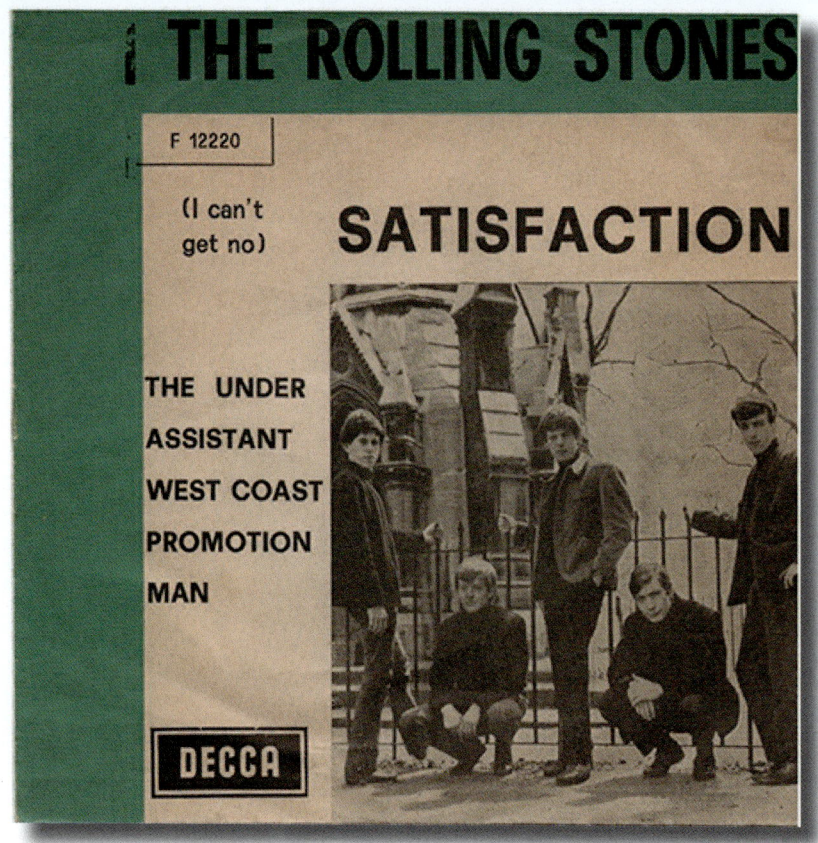

Satisfaction/The under assistant West Coast promotion man
XDR 35801; XDR 36261
DECCA F-12220 (1965)

La prima edizione di *"Satisfaction"* viene pubblicata in Italia nell'estate del 1965 con in copertina una fotografia del gruppo in bianco e nero e fascetta colorata. Si ritiene che la prima stampa sia quella con banda singola verde che riporta un un errore tipografico parzialmente cancellato: una lettera "I" precede il nome del gruppo **(94)**. Questa prima edizione ha in etichetta il marchio DIRITTI RISERVATI su entrambi I lati, chiuso in riquadro **(104)**; alcune copie hanno il numero di catalogo in etichetta errato, C-12220 anzichè F-12220 **(105)**.
A questa fanno seguito altre varianti cromatiche della copertina, la cui cronologia non è

1965

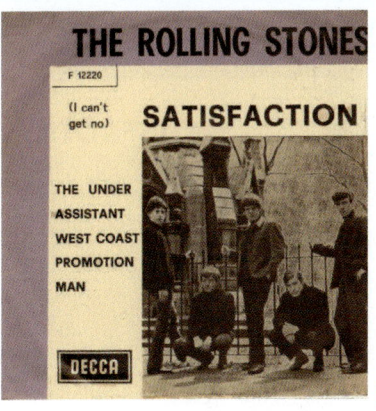 95 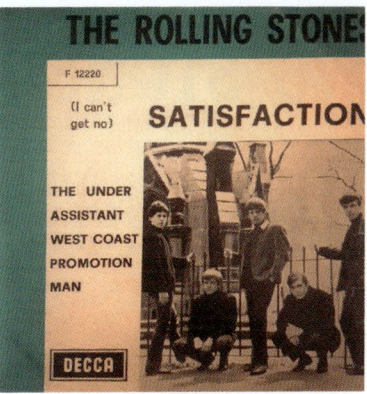 96 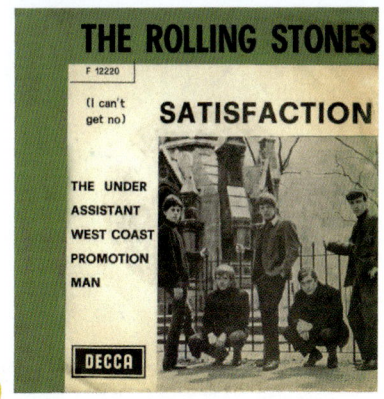 97

chiara: con ogni probabilità la seconda emissione è identica alla prima, senza la lettera *"I"* *(95, 96)*, a cui fanno seguito le varianti con la lettera *"T"* di The Rolling Stones stampata allineata alla lettera F del numero di catalogo *(97, 98, 99, 100,101, 102)* e infine la versione con la scritta "The Rolling Stones" disposta lungo l'intera fascia colorata superiore *(103)*.
L'etichetta della seconda edizione riporta sul lato a il marchio BIEM in riquadro e sul lato b la nota DIRITTI RISERVATI in riquadro; successivamente il marchio BIEM in riquadro sarà presente su entrambi I lati *(106, 107)*.
L'etichetta della edizione per juke-box, sia con numero di catalogo corretto che errato, è bianca con lettering nero *(108, 109)*.
A seguito dell'incredibile successo riscosso dalla canzone, la DECCA dopo pochi mesi si affretta a predisporre una nuova copertina più accattivante, con sfondo azzurro e nome della band in rosso accompagnato dall'inciso : ***"Trionfa in tutto il mondo" (110)***; il retro copertina riporta la discografia della band a 45 giri pubblicata fino ad allora *(111)* e il riferimento della tipografia Barbieri stampa. Una ristampa con identica copertina viene pubblicata nel 1967 riconoscibile per l'etichetta con il marchio BIEM tra due linee su entrambe le facciate *(112)*. Ulteriori ristampe vengono pubblicate nel 1968 con copertina identica alla precedente senza riferimento alla tipografia sul retro copertina *(113)* ma con etichetta blu scuro, logo DECCA in riquadro, marchio BIEM in riquadro e assenza di riferimenti a copyright in basso *(114)*.
Nell'estate del 1970, poco prima del tour italiano, la DECCA ripubblica ***"Satisfaction"*** con la stessa copertina , etichetta blu scura e logo DECCA in riquadro, numero di matrice sbagliato (53801 anzichè 35801), numero di catalogo F-12220 scritto su una sola riga, marchio SIAE in riquadro e nessun riferimento di copyright in inglese in basso *(115)*. Nel 1971

1965

SATISFACTION

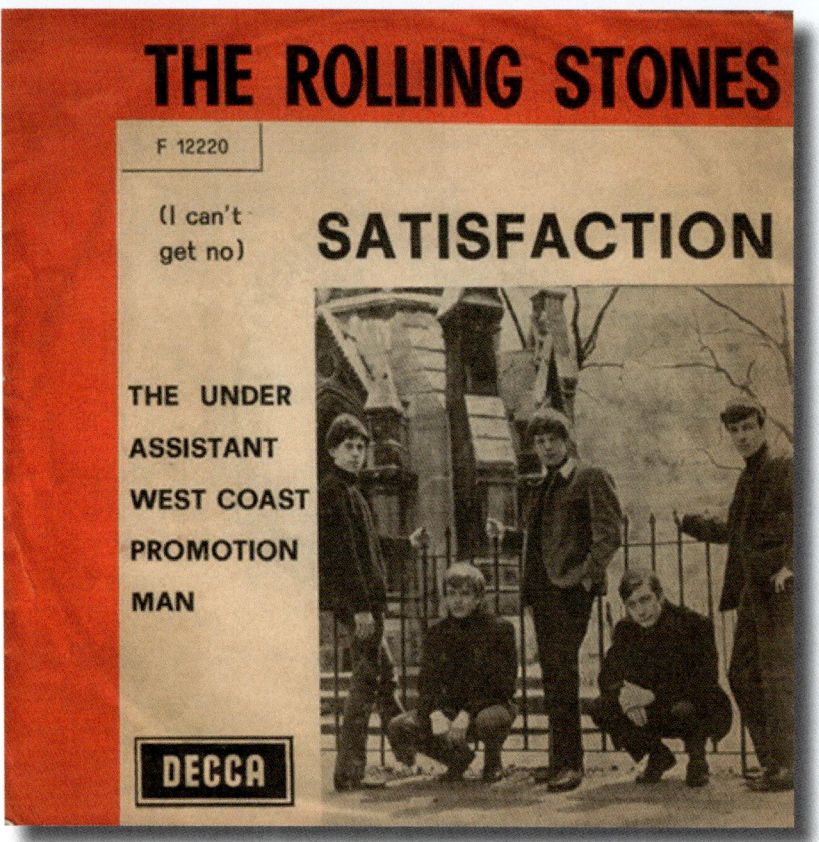

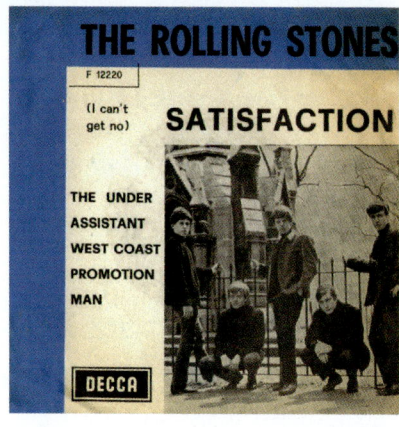

viene pubblicata una nuova ristampa con la medesima copertina, etichetta con logo DECCA in riquadro e marchio SIAE tra due linee, riferimenti a copyright in basso in inglese indicanti DECCA RECORD CO.LTD.London. I riferimenti ai diritti in italiano sulla parte superiore dell'etichetta sono abbreviati **(116)**. L'edizione pubblicata nel 1973, con la medesima copertina senza riferimenti alla tipografia, è riconoscibile per il numero di matrice sull'etichetta errato (53801 anzichè 35801), numero di catalogo F-12220 scritto su una sola riga, marchio SIAE in riquadro, due versioni dei riferimenti di copyright in inglese in basso: DECCA RECORD CO.LTD e riferimenti ai diritti in italiano per esteso **(117)** oppure DECCA RECORD CO.LTD LONDON e riferimento ai diritti in italiano con abbreviazioni **(118)**. L'ultima riedizione conosciuta è stata pubblicata nel 1978: la copertina presenta la stessa grafica delle precedenti ma stampata su carta molto più sottile, riconoscibile inoltre, per il colore dell'etichetta blu tendente al viola, lucida, numero di matrice errato, numero di catalogo F-12220 scritto su una sola riga, contrassegno SIAE in riquadro, riferimenti di copyright in inglese in basso: DECCA RECORD CO.LTD e riferimenti ai diritti in italiano per esteso **(119)** oppure DECCA RECORD CO.LTD LONDON e riferimento ai diritti in italiano con abbreviazioni **(120)**.

1965

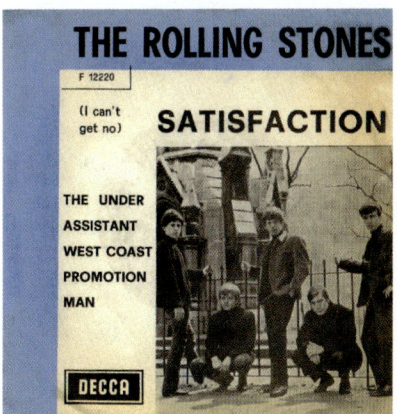
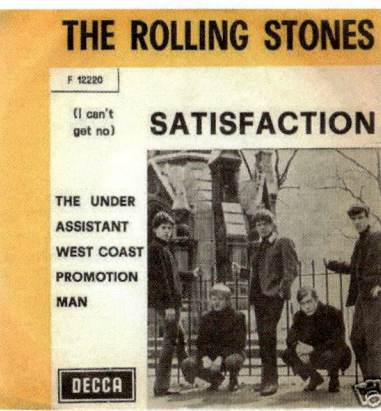
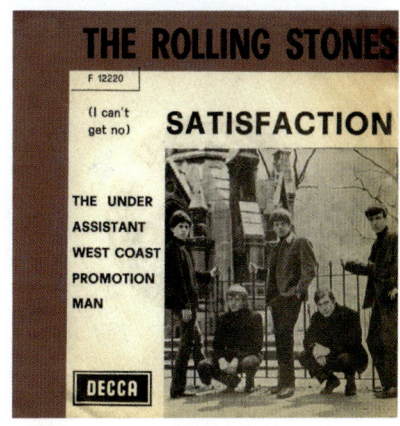

100 **101** **102**

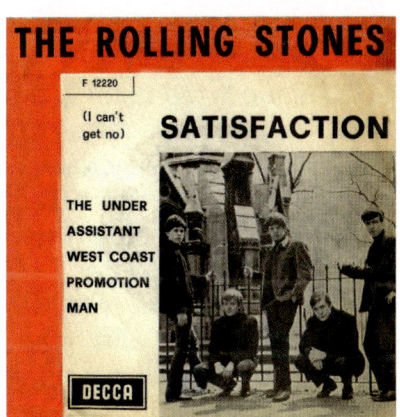

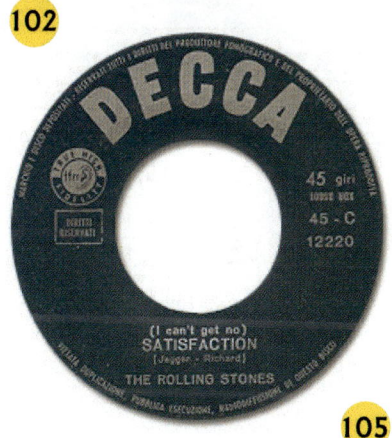

103 **104** **105**

Curiosamente, tutte le edizioni, compresa quella per juke-box, riportano in etichetta sul lato b un errore di battitura per cui *"the under assistant"* diventa *"the under assistent"*.

At first, "Satisfaction" was released in Italy in summer 1965 in a sleeve picturing a black and white shoot of the band surrounded by color borders. The very first issue seems to be that with single dark green borders, of which few issues showed a misspressing in the group's name The Rolling Stones preceded by the Italian article "I", partially erased (94). This first edition has the boxed mark RIGHTS RESERVED on both sides of the label (104); some copies have a wrong catalog number, C-12220 instead of F-12220 (105). This is followed by

SATISFACTION

1965

other chromatic variants, the chronology of which is not clear: probably the second issue is identical to the first, without the letter **"I" (95, 96)**, followed by the variants with the letter **"T"** of The Rolling Stones printed aligned with the letter F of the catalog number **(97, 98, 99, 100, 101, 102)** and finally the version with the writing "The Rolling Stones" arranged along the entire upper colored band **(103)**. The label of the second issue has the boxed BIEM mark on the a side and on the b side the boxed note RIGHTS RESERVED; subsequently the boxed BIEM brand will be present on both sides **(106, 107)**.
The label of the edition for jukebox, both with correct and incorrect catalog number, is white with black lettering **(108, 109)**. At the end of the year, due to the incredible success of the song, the Company released a brand new picture sleeve, more catchy, in a light blue background and band's name together with a footnote reporting **"Triumphs over worldwide"** in red lettering. The back sleeve lists the 7" published until then **(110, 111)** and the reference of the Barbieri printing press. A reprint with identical cover was published in 1967 recognizable by the label with the BIEM brand between two lines on both sides **(112)**. Further reprints were published in 1968 with the same cover as the previous one without

1965

reference to the typography on the back cover **(113)** but with dark blue label, boxed DECCA logo, boxed BIEM mark and no copyright rim line in English at the bottom **(114)**.
In the summer of 1970, just before their second Italian tour, DECCA re-released **"Satisfaction"** with the same cover, dark blue label and boxed DECCA logo, wrong matrix number, (53801 instead of 35801), catalog number F-12220 written on one line, boxed SIAE brand and no copyright rim line in English at the bottom **(115)**. In 1971 a new reissue was published with the same cover without references to the typography, label with boxed DECCA logo and SIAE brand between two lines, references of copyright below in English indicating DECCA RECORD CO.LTD. London. The references to the rights in Italian on the upper part of the label are abbrevia-

SATISFACTION 1965

ted **(116)**. The edition published in 1973, with the same cover without references to the typography, is recognizable by the wrong matrix number (53801 instead of 35801), catalog number F-12220 written on one line, boxed SIAE brand, two versions of the copyright notices in English below: DECCA RECORD CO.LTD and references to rights in Italian in full **(117)** or DECCA RECORD CO.LTD LONDON and reference to rights in Italian with abbreviations **(118)**.
In 1978 DECCA released a last reissue with the same picture

1965

sleeve printed in thinner paper, recognizable by the more shiny blue label tending to purple with boxed SIAE marks, wrong matrix number (53801 instead of 35801), and either copyright rim line in English indicating DECCA RECORD CO.LTD. and copyright rim in Italian at the top in full text or DECCA RECORD CO.LTD and abbreviated Italian copyright references **(119, 120)**. Oddly, all the versions, including the juke-box issue, report on b side of the label a mispressing **"the under assistent"** instead of **"the under assistant"**.

Fotografia tratta dal catalogo DECCA 1965
Picture from DECCA 1965 catalogue

1965

GET OFF OF MY CLOUD

Get off of my cloud/I'm free
XDRF 36651 TI-1C; XRDF 36652 TI-1C
DECCA F-22265 (1965)

Al grande successo di *"Satisfaction"* fa seguito *"Get off of my cloud"* che a differenza dell'edizione inglese, viene accoppiata sul lato b ad *"I'm free" (121)*. La prima edizione, pubblicata in ottobre del 1965, riporta in copertina un clamoroso errore nel titolo: *"Get off of my cloud"* diventa *"Get off my cloud" (122)*. Nonostante l'immediato ritiro dell'intero stock e la sostituzione con copertine corrette, alcune copie con l'errore raggiungono i negozi e vengono vendute normalmente. La copertina con titolo corretto esiste in due varianti, con diversa tonalità

44

1965

 125
 126
 127
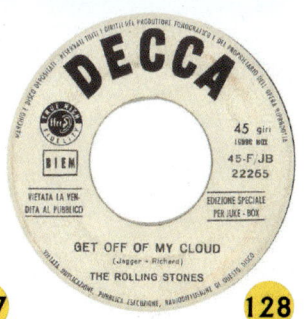 128

 129

di rosso e leggera differenza di allineamento del titolo **(123, 124)**. L'etichetta presenta i riferimenti "Diritti riservati" in riquadro **(125)** su entrambi I lati nella prima edizione e il marchio BIEM in riquadro **(126)** sul lato a nella seconda edizione, lo stesso vale per l'edizione destinata al circuito juke box in etichetta bianca **(127, 128)**. Ristampe risalenti al 1967 sono riconoscibili per la presenza su entrambi I lati del marchio BIEM racchiuso tra due linee **(129)**. Curiosamente, il tagliandino per il display del juke-box presenta un doppio errore, **"Get off my clond"** (130).

130

"Get off of my cloud" follows the incredible success of **"Satisfaction"** but, unlike the English issue, is backed with **"I'm free"(121)**. The very first release of the single contains an incredible mistake in the title: **"Get off of my cloud"** becomes **"Get off my cloud"(122)**. Although immediately withdrawn and replaced with correct sleeves **(122, 123)**, some copies hit the market and were regularly sold. The corrected sleeves exist in two variants with different shade of red color and slightly different alignment of the title **(123, 124)**. The label reports either boxed "Rights reserved"**(125)** or boxed "BIEM marks **(126)**, as the white label for juke box **(127, 128)**.
Later reissues printed in 1967 have marks BIEM on both sides of the label between two dashes **(129)**. Oddly enough the title stripe for juke-box display contains a double misprint: "Get off my clond" **(130)**.

1966

CON LE MIE LACRIME

Con le mie lacrime/Heart of stone
XDRI 34777-A/XDR 34777
DECCA F-22270 (1966)

A inizio anno del *1966*, sorprendentemente, la DECCA pubblica un 45 giri contenente un brano della band interpretato in italiano: si tratta della versione in lingua italiana di *"As tears go by"* scritta da Jagger e Richards l'anno prima in collaborazione con Andrew Loog Oldham e interpretata in prima battuta da Marianne Faithfull. Il testo italiano, piuttosto fedele all'originale, è opera di Dante Panzuti con lo pseudonimo di Danpa. Il disco è corredato da una bella copertina a colori con la band di fronte a un biliardo, sul retro sono riportate biografie ironiche dei 5 componenti del gruppo *(131, 132)*. Differenze in etichetta riguardano la presenza di contrassegno BIEM da solo *(133)* o accoppiato al riferimento dell'editore

1966

CON LE MIE LACRIME

musicale Mecolico **(134)**. Alcune etichette riportano un errore nel titolo che diventa **"Con le mie lagrime" (135)**. L'edizione per juke box in etichetta bianca riporta la sola indicazione del contrassegno BIEM **(136)**. Una ristampa successiva, probabilmente del 1967, è riconoscibile dal titolo e dal nome del gruppo in azzurro più intenso **(137)** e dal marchio BIEM su entrambi i lati dell'etichetta stampato tra due linee **(138)**.

Pubblicità di "Con le mie lacrime" su bollettino informativo DECCA, Febbraio 1966
"Con le mie lacrime" advertisement on DECCA updating bulletin, February 1966

In early 1966, surprisingly DECCA issued a record sung in italian: this is the italian cover of "As tears go by" written by Jagger and Richard with the contribution of Andrew Loog Oldham and successfully sung the year before by Marianne Faithfull. The text, quite truthful translation from the English one, comes from Danpa aka Dante Panzuti. The sleeve has a nice picture of the band portrayed in front of a pool and on the back the biographies of the 5 members are described ironically **(131, 132)**. A few differences on the label consist in the presence of boxed BIEM notes, either alone **(133)** or unboxed with reference with the musical publisher Mecolico **(134)**. A few copies contain a mispress title "Con le mie lagrime" on the label **(135)**. The white label juke box issue has the BIEM note alone **(136)**. A subsequent issue, probably from 1967, is recognizable by the title and name of the group in more intense blue **(137)** and by the BIEM brand on both sides of the label printed between two dashes **(138)**.

1966

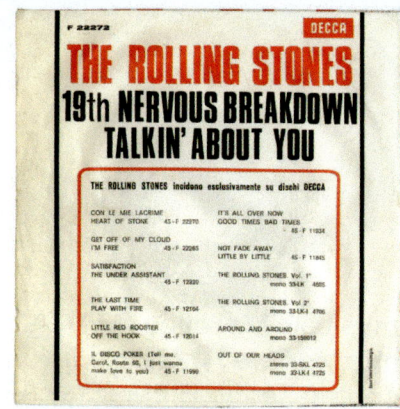

19th Nervous breakdown/Talkin' about you
XRDF 37398 T1-1C; ARL 6974-1
DECCA F-22272 (1966)

La prima edizione di *"19th Nervous breakdown"* che viene distribuita in aprile 1966 si presenta con un'immagine della band in bianco-nero sovrapposta, su fondo grigio con lettere rosse, a una pagina del settimanale statunitense Cash box che ne illustra la prima posizione nella classifica dei singoli più venduti. Il successo di vendite del disco è sottolineato da un riquadro nero che riporta *"1° in tutto il mondo" (139)*. Sul retro, sono elencate le ultime 8 incisioni a 45 giri e quattro album che hanno generato una certa confusione, poiché si fa riferimento a *"The Rolling Stones n.1"* (edizione inglese), *"The Rolling Stones n.2"* e *"Out*

1966

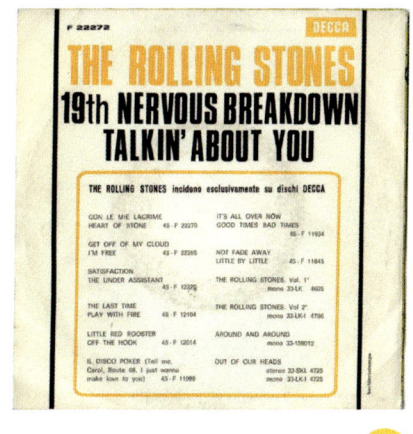
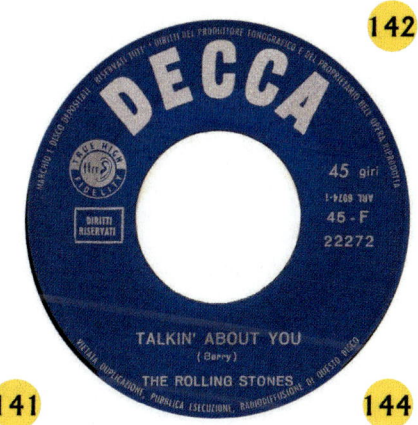

of our heads" (edizioni italiane con prefisso LKI) e ad **"Around and Around"** *(*edizione francese) **(140)**. A seguito del successo riscosso dalla canzone trasmessa nel programma radiofonico Bandiera Gialla, una nuova veste grafica viene prodotta per il disco, dove lo sfondo grigio diventa giallo e il riquadro nero viene sostituito da una bandierina gialla, simbolo dell'omonima trasmissione, che decretal il titolo di "disco giallo" **(141)**. Il retro non cambia nei contenuti, ma i caratteri da rossi diventano gialli **(142)**.
L'etichetta di entrambe le edizioni riporta il marchio BIEM in riquadro sul lato A, e Diritti Riservati o il richiamo all'editore musicale Regent sul lato B **(143, 144, 145)**. L'edizione per **juke box viene accoppiata al brano "Heart of stone" originariamente presente sul retro di "Con le mie lacrime" (146, 147)** e contemporaneamente viene edita anche una versione di **"Con le mie lacrime"** con sul retro **"Talkin' about you" (148, 149)**.

1966

19th NERVOUS BREAKDOWN

The first release of **"19th Nervous breakdown"** in Italy is presented in a grey sleeve where a b/w picture of the band has a page of the famous Cash box magazine in the background, witnessing this record as the top seller of the week **(139)**. The back sleeve reports a confused partial discography of the band, listing the last 8 singles published in Italy and four albums but only two of them refer to Italian issues **(140)**.
Following the resounding success achieved by the song after its airplay on the radio broadcast **"Bandiera gialla"**, a second release of the record was issued with a yellow background instead of the original grey, and with a little yellow flag, icon of the broadcast **(141)**. The back sleeve notes are the same as the first edition, but with yellow lettering **(142)**. Both editions' labels differ for the presence of BIEM, Rights reserved, or musical publisher Regent tags **(143, 144, 145)**. The juke box issue in white label with black lettering is backed by **"Heart of stone"**, song that was originally released as b-side of **"Con le mie lacrime" (146,147)**; simultaneously a juke box issue of **"Con le mie lacrime"** was released with **"Talkin' about you"** as b-side **(148,149)**.

50

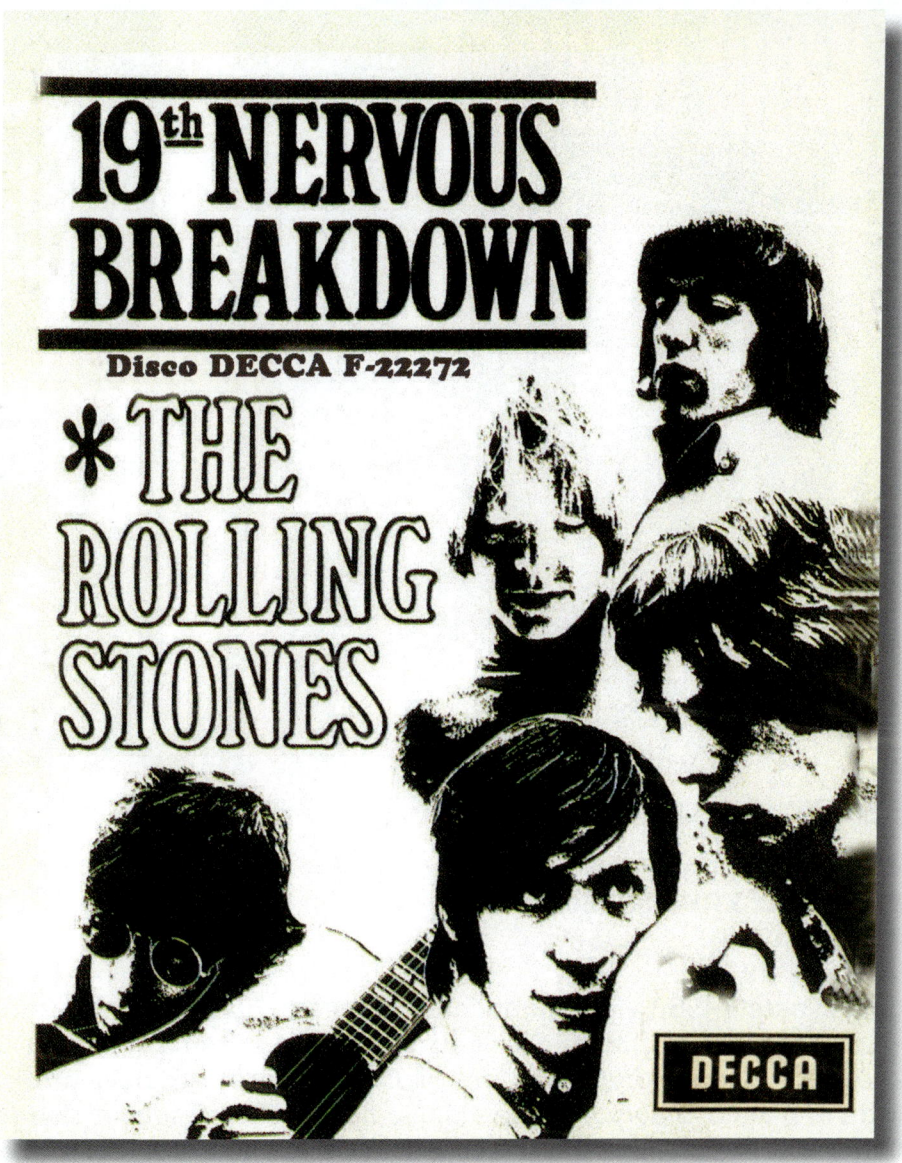

Volantino pubblicitario della DECCA Italia, 1966
Promotional leaflet issued by Decca Italy, 1966

PAINT IT, BLACK

1966

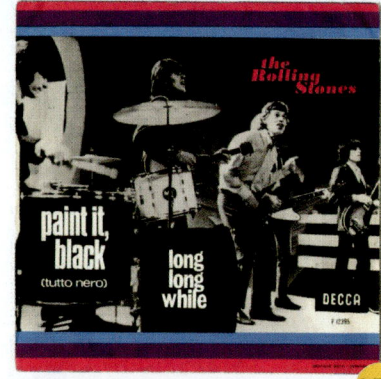

Paint it, black/Long long while
XRDF 38032 T1-2C; XRDF 38068 T1-1C
DECCA F-12395 (1966)

Poco prima dell'estate 1966 viene pubblicato *"Paint it, black"*: la copertina ritrae la band sormontata da una colata di colore nero con nell'angolo basso a sinistra la celebre bandierina simbolo della trasmissione *"Bandiera gialla"* di colore nero nella prima edizione *(150)*, poi riprodotta in bianco, maggiormente visibile nelle edizioni successive *(151)*. Il retro copertina presenta il gruppo in una esibizione dal vivo in uno studio televisivo, sotto al titolo *"Paint it black"* compare la traduzione italiana *"Tutto nero"*; il logo DECCA è in riquadro nero con bordi bianchi *(153)*. Alcune copie presentano un difetto di colorazione di questa immagine, per cui la scenografia alle spalle della band non si distingue ed appare uno

1966

sfondo interamente nero, il logo DECCA è in riquadro interamente nero **(152)**. L'etichetta presenta marchi BIEM racchiusi in riquadro **(154)** o tra due line **(155)**; l'edizione in etichetta bianca può aggiungere ai contrassegni BIEM anche l'indicazione del distributore per il circuito juke-box **(156, 157, 158)**.

Shortly before summer 1966 **"Paint it, black"** hits the market: the sleeve portrays the band on top of which stands a flow of black paint. A little flag, symbol of the radio broadcast **"Bandiera gialla"** is on the lower left corner with black margins in the first edition **(150)**, substituted by more visible white margins in later issues **(151)**. The back sleeve depicts the group live on a tv show stage **(152)** and the title is translated in Italian **"Tutto nero"**; a few copies have a printing flaw resulting in a complete black background behind the band; these copies have the boxed Decca logo without white border **(153)**. The label has BIEM tags either boxed **(154)** or printed between two dashes **(155)**, open or the white label can show references of the distributor for juke box network in addition to BIEM tags **(156, 157, 158)**.

LADY JANE

1966

Lady Jane/Mother's little helper
XRDF 37897 T1-1C; XARL 7209-1
DECCA F-22405 (1966)

Pubblicato in giugno 1966, *"Lady Jane"* è corredato da una copertina apribile a libro, con sul fronte una bella fotografia a colori del gruppo *(159)*, nelle due pagine interne una fotografia in b/n e la discografia italiana con la consueta confusione: sono infatti presenti sia *"The Rolling Stones vol.1"* in edizione inglese che il francese *"Around and Around"*, mentre *"The Rolling Stones vol.2"*, primo effettivo album di stampa italiana, viene misteriosamente rinominato *"Time is on my side" (160)*. Il retro copertina riporta I due titoli delle canzoni *(161)*. In etichetta si trova il marchio BIEM in riquadro nella prima edizione *(162)* e racchiuso tra due line in quella successive *(163)*. L'etichetta bianca per juke-box presenta il

1966

LADY JANE

solo marchio BIEM libero tra due linee (165, 166).

Released in June 1966, **"Lady Jane"** *comes in a stunning gatefold sleeve portraying a color picture on front* **(159)**, *a b/w picture and the usual confused Italian discography, listing both the English issue of* **"The Rolling Stones vol.1"** *and the French* **"Around and Around"**, *and in addition* **"The Rolling Stones vol.2"** *officially the first album released in Italy is turned into a mysterious* **"Time is on my side" (160)**. *The back cover shows simply the two titles of the songs* **(161)**. *Boxed BIEM tags are present on the label of the first edition* **(162)** *and between two dashes in the first re-release* **(163, 164)**, *while on the white label only the BIEM tag between two dashes is found* **(165, 166)**.

1966

**Have you seen your mother baby,
standing in the shadow ?/ Who's driving your plane
XDR 39857 T1-2C; XDR 39858 T1-4C
DECCA F-12497 (1966)**

La presenza del titolo tradotto in *"Baby hai visto tua madre che sta nell'ombra"* **(167)** può far pensare a una versione nella nostra lingua del brano, ma in realtà l'edizione italiana di *"Have you seen your mother baby, standing in the shadow"*, pubblicata nel settembre 1966, non differisce dalla versione originale inglese. Il retro copertina presenta la celebre fotografia di Jerry Schatzberg con i cinque membri del gruppo in abiti femminili **(168),** con titolo sia in inglese che in italiano. L'etichetta è nota in una sola veste grafica, con contrassegno BIEM in riquadro **(169, 170)**, lo stesso vale per l'edizione per juke-box in etichetta

1966

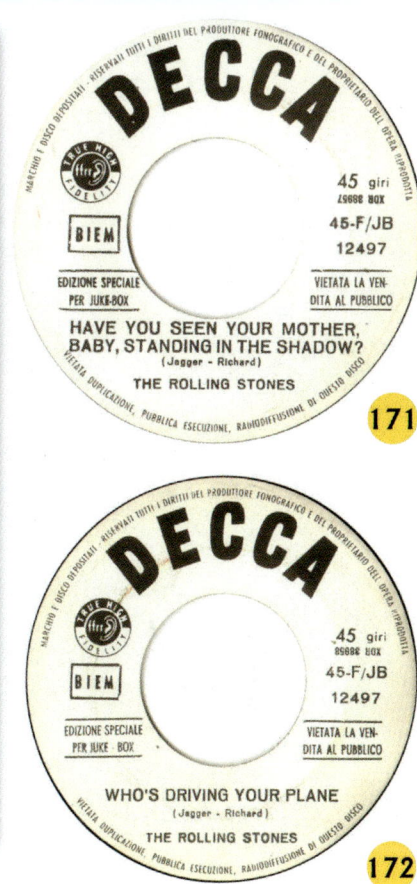

bianca **(171, 172)**.

The presence on front sleeve of the title in italian **"Baby hai visto tua madre che sta nell'ombra" (167)** may suggest that the song can be a cover in italian, but actually **"Have you seen your mother baby, standing in the shadow"**, issued in September 1966, is the genuine English version. On the back sleeve **(168)** the famous shot by Jerry Schatzberg featuring the band dressed in drag stands out, and the title is printed in both Italian and English. Only one version of the label is known to exist carrying boxed BIEM tags **(169, 170)**; the same is for the juke-box issue **(171, 172)**.

1967

Let's spend the night together/Ruby Tuesday
XDR 39595 T1-1C; XDR 39596 T1-2C
DECCA F-12546 (1967)

Gennaio 1967 vede la pubblicazione di *"Let's spend the night together"* a 45 giri inteso come doppio lato a, accoppiato a *"Ruby Tuesday"* con in copertina la stessa fotografia di Gered Mankowitz utilizzata per l'album *"Between the buttons"* **(173)**; il retro, con sfondo rosso carminio riporta i titoli delle canzoni e il nome del gruppo con il medesimo lettering dell'album già citato **(174)**. La prima edizione si riconosce per l'errore nel nome degli autori (Richard anzichè Richards) in etichetta **(175)**, lo stesso errore compare nell'edizione in etichetta bianca per juke-box; successivamente una seconda edizione aggiunge in retro

1967

LET'S SPEND THE NIGHT TOGETHER

copertina il riferimento alla trasmissione televisiva *"Giovani"* in cui fu presentato il brano *"Let's spend the night together" (176)*. Anche in questa edizione Keith Richards è citato in etichetta come *"Richard"*, errore che solo in edizioni successive viene corretto in Richards *(177)*. Un ben più evidente errore si ritrova in una edizione successiva che vede il titolo stravolto sull'etichetta in *"L'ets spend the night together" (178)*: il fatto che questa etichetta sia molto rara induce a pensare che l'errore sia stato scoperto e corretto immediatamente. L'edizione per juke box presenta differenze legate ai riferimenti delle società distributrici *(179, 180, 181)*.

1967

LET'S SPEND THE NIGHT TOGETHER

January 1967 sees the issue of **"Let's spend the night together"** originally released as a double A-sided single together with **"Ruby Tuesday"** in a sleeve with the same picture by Gered Mankowitz used for the album "Between the buttons" **(173)**; the back sleeve in crimson red shows the titles of the songs and the band's name with the same lettering as the previously mentioned album **(174)**. The first release is identified by the author's name misspelled on the label (Richard instead of Richards) **(175)**; the same misspelling is present on the Juke box issue in white label and black lettering. A second release displays the references to a TV broadcast **"Giovani"** where the song **"Let's spend the night together"** was played as preview **(176)**. A later edition without these references, has Keith Richards' name on the label corrected **(177)**. A more evident misprint on a few labels reports the title **"L'ets spend the night together" (178)**: since these labels are very scarce it's likely that the misprint was promptly corrected. The juke box issue has some differences due to the presence of distributor's references **(179, 180, 181)**.

Cartolina promozionale della DECCA Italia, 1967
Promotional postcard issued by DECCA Italy, 1967

1967

LET'S SPEND THE NIGHT TOGETHER

Cartolina promozionale della DECCA Italia, 1967
Promotional postcard issued by DECCA Italy, 1967

1967

1° GETTONE D'ORO - 1st GOLDEN TOKEN

183

Satisfaction/19th Nervous breakdown
DECCA F/JB GdO 1
Little red rooster/Get off of my cloud
DECCA F/JB GdO 2
Lady Jane/The last time
DECCA F/JB GdO 3
Yesterday's papers/Back street girl
DECCA F/JB GdO 4

182

Cartolina promozionale della DECCA Italia, 1967
Promotional postcard issued by DECCA Italy 1967

A cavallo tra giugno e luglio del 1967, la DECCA pubblica per il solo mercato italiano una serie di 4 singoli destinati a partecipare ad una competizione tra canzoni maggiormente

1967

1° GETTONE D'ORO - 1st GOLDEN TOKEN

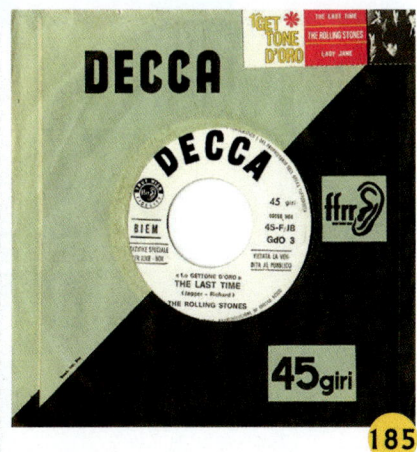

selezionate nei juke box, denominata "IL 1° GETTONE D'ORO". Si tratta di canzoni già note e pubblicate regolarmente negli anni passati, ma riproposte con diversi accoppiamenti, con l'eccezione di *"Yesterday's papers/Back street girl"* che rappresenta una autentica rarità nella discografia mondiale dei Rolling Stones essendo l'unica edizione a 45 giri al mondo con questo accoppiamento *(182)*. Tutti i 4 singoli sono stati distribuiti in copertine generiche DECCA con tagliandino per il display del juke box a colori *(183, 184, 185)*.

Between June and July 1967, DECCA issues 4 records aimed for a juke box contest of the best summer hit called **"1st Golden Token"**. Three of these records contain songs already published, but with different coupling, the fourth is the most interesting because **"Yesterday's papers/Back street girl"** is the only issue as 7" worldwide **(182)**, representing a true rarity in the world discography of the Rolling Stones. All these records were released in DECCA standard company sleeves with jukebox stripe for each single **(183, 184, 185)**.

63

1967

WE LOVE YOU

We love you/Dandelion
XDR 41128 T2-1C ; XDR 41129 T1-1C
DECCA F-12654 (1967)

L'ultimo lavoro prodotto da Andrew Oldham viene pubblicato nell'estate del 1967 con una copertina in sfondo arancione e una fotografia della band in bianco e nero sul fronte *(186)*; sul retro, fotografie dei singoli membri richiamano la grafica dell'album antologico *"Flowers"* pubblicato poche settimane prima *(187)*. L'etichetta, per la prima volta è di colore blu scuro e il logo DECCA è racchiuso in un riquadro argentato con marchio BIEM tra due linee *(188)*. L'edizione per juke box, di colore bianco con caratteri neri, presenta il logo DECCA bianco rinchiuso in un riquadro nero: piccole differenze su questa etichetta riguardano la presen-

1967

WE LOVE YOU

za o meno di riferimenti alle società di distribuzione nei circuiti per juke-box **(189, 190, 191, 192)**.

Volantino pubblicitario (con errore) della DECCA Italia, 1966
Promotional leaflet (with mispressing) issued by Decca Italy, 1966

The last production by Andrew Oldham was published in summer 1967 in an orange sleeve with a black and white shot of the band on the front **(186)**; on the back sleeve pictures of the 5 members recall the cover of the album **"Flowers"** issued just a few weeks before **(187)**. The label in dark blue appears for the first time with the DECCA logo in a silver square **(188)**; it shows the BIEM mark between two dashes. The juke box issue has white label and black lettering with white Decca logo in a black square: few slight differences in this edition result in the presence of names of juke box distributors **(189, 190, 191, 192)**.

SHE'S A RAINBOW

1967

She's a rainbow/2000 light years from home
XDR 41714 T1-1C; XDR 41715 T1-1C
DECCA F-22706 (1967)

Tratto dall'album *"Their Satanic Majesties Requests"*, poco prima di Natale 1967 il nuovo singolo dei Rolling Stones *"She's a rainbow/2000 light years from home"* viene distribuito nei negozi con una copertina psichedelica multicolore ma senza immagini del gruppo sul fronte *(193)* e il nome abbreviato in *"The Stones"*; sul retro la band appare ritratta in negativo su sfondo nero con I titoli anche tradotti in italiano *(194)*. L'etichetta è blu scuro con caratteri in argento e logo DECCA blu in riquadro argento *(195, 196)*, mentre l'edizione per juke box ha etichetta bianca e caratteri neri con logo DECCA bianco in riquadro nero *(197, 198)*. Quest'ultima esiste anche con il titolo errato *"She's a raimbow" (199)*; un errore

1967

di stampa si ritrova anche sul tagliandino per il display del juke box: **"She's a a rainbow" (200)**.

Few days before Christmas 1967, the new single of the Rolling Stones featured on the album **"Their Satanic Majesties Requests"** hits the market with a colorful psychedelic front sleeve without any picture of the band **(193)** which appears on the rear as negative image on black background. The titles of the songs are translated into italian as well **(194)**. The label is dark blue with silver lettering and the dark blue DECCA logo is in a silver square **(195, 196)**; the juke box issue has a white label and black lettering **(197, 198)**. Few copies of the juke box issue came with the mispressed title **"She's a raimbow" (199)** and the same happened to the title stripe for juke box display: **"She's a a rainbow" (200)**.

1968

JUMPIN' JACK FLASH

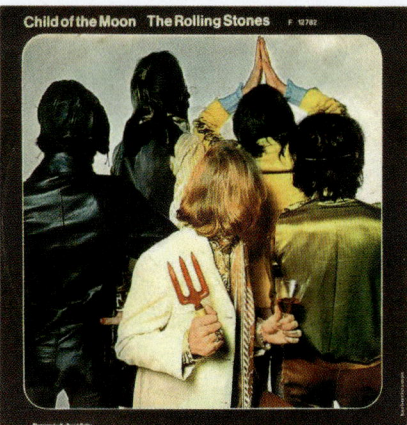

Jumping Jack flash/Child of the moon
XDR 42592-1X 6942M; XDR 42593-2X 6943M
DECCA F-12782 (1968)

Per la copertina di *"Jumpin' Jack flash/Child of the moon"* la DECCA utilizza per diversi paesi (Francia, Italia, Germania, Spagna, USA, Messico,...) la medesima fotografia di David Bailey **(201, 202)** modificando leggermente margini e caratteri. Per l'edizione italiana i margini sono neri e i caratteri del titolo e nome della band in bianco. L'etichetta è blu scuro con caratteri in argento **(203, 204)**. Esistono due edizioni destinate al circuito dei juke box in Italia: la prima ha sul retro il brano *"Child of the moon"* con diversi riferimenti ai distributori **(205, 206, 207, 208)**, la seconda con numero di catalogo 008 è invece accoppiata a *"So fine"* del duo *Ike & Tina Turner (209, 210)* su etichetta LONDON.

1968

Pubblicità di "Jumpin' Jack Flash" su locandina DECCA, 1968 - *"Jumpin' Jack Flash" advertisement on DECCA leaflet, 1968*

JUMPIN' JACK FLASH

For the sleeve of **"Jumpin' Jack flash/Child of the moon"**, in different countries (France, Italy, Germany; Spain, USA, Mexico, ...) DECCA used the same shot by David Bailey **(201, 202)** with just a few differences in the color of borders and lettering. The label is as usual, dark blue with silver lettering **(203, 204)**. Two issues for the juke box network are known to exist: the first is backed by **"Child of the moon"** with different distributors' notes **(205, 206, 207, 208)** and the second with **"So fine"**, a song by **Ike and Tina Turner**, on LONDON label **(209, 210)**.

1968

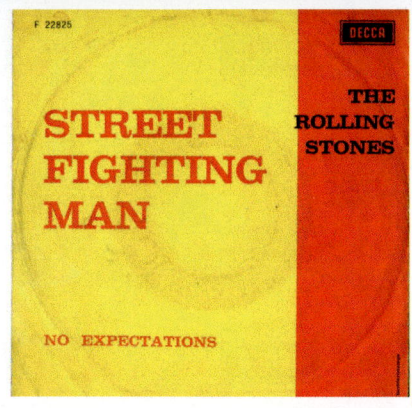

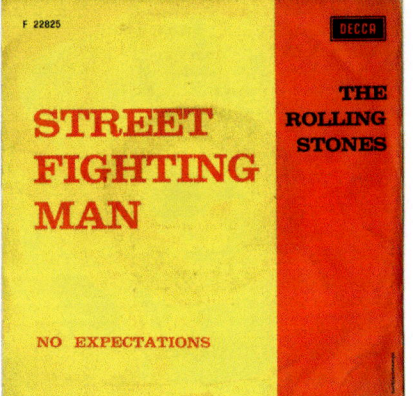

Street fighting man/No expectations
XDR 43220-A; XDR 43221-B
DECCA F-22825 (1968)

L'edizione italiana di *"Street fighting man/No expectations"* riporta in copertina la celebre immagine di Jerry Shatzberg realizzata con obiettivo fish-eye *(211)* a New York di fronte al numero 124 di East 24th Street; il retro copertina è un semplice sfondo giallo e rosso con titoli e nome della band *(212)*. Nella prima edizione il nome della band sul retro è sovrapposto ad entrambi i colori, successivamente la posizione è stata corretta e il nome rientra nel solo riquadro rosso *(213)*; l'etichetta è blu scuro con logo DECCA in riquadro *(214)*. Il brano *"Street fighting man"* è leggermente differente nel missaggio da quello originale presente

1968

 214

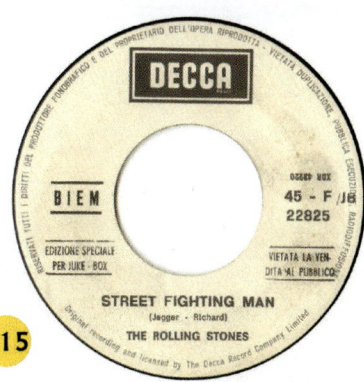 215

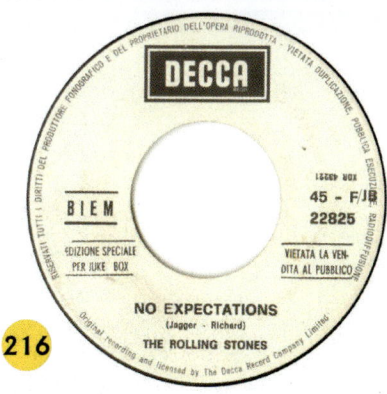 216

sull'album **"Beggar's banquet"** trattandosi di un outake erroneamente impiegato nelle prime edizioni americane del disco. L'edizione per juke box è in etichetta bianca con caratteri neri e logo DECCA in riquadro **(215, 216)**. Curiosamente, il tagliandino per il display del juke box stampato dalla società distributrice Juke Box service riporta come retro **"Expectations"**, mentre quello realizzato dalla S.D.J.B. risulta corretto **(217)**.

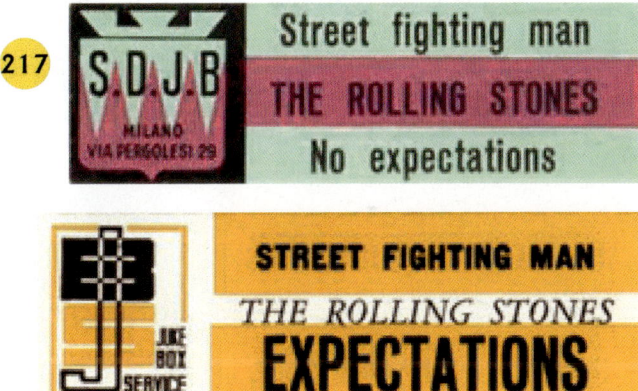 217

The Italian edition of "Street fighting man/No expectations" has a picture sleeve portraying the band in the famous fish-eye shot by Jerry Shatzberg (211) in front of 124 East 24th Street, New York; on the back sleeve the titles and the band's name on a red and yellow background appear (212). The first release saw the band's name overlapping both the yellow and red squares, later issues came with the name on the red square only (213); the label is dark blue with silver lettering and boxed DECCA logo (214). The italian version of "Street fighting man" is an alternate outake version of the song with different mixing, coming from an outake mistakenly used for the early american copies of the single. The juke box issue is in a white label, black lettering and boxed DECCA logo (215, 216). Oddly, the juke box title stripe printed by the company Juke Box Service reports as b-side "Expectations" while the one printed by the company S.D.J.B. is correct (217).

Honky tonk women/You can't always get what you want
XDR 45283-1969-T1; XDR 45284-1969-T1
DECCA F-12952 (4.7.1969)

L'estate del 1969 vede la pubblicazione di *"Honky tonk women/You can't always get what you want"* ultimo brano alla cui incisione prende parte Brian Jones, con una copertina simile a quella utilizzata per molte altre edizioni (Australia, Danimarca, Francia, USA, Germania...) in cui è già presente Mick Taylor sebbene il suo contributo al brano sia marginale. L'immagine di copertina ritrae la band in un locale al bancone di un bar ed è identica sulle due facciate *(218, 219)*. Sul lato b *"You can't always get what you want"* manca dell'intro del London Bach Choir che invece apre il brano nella versione sull'album *"Let it bleed"*.

1969

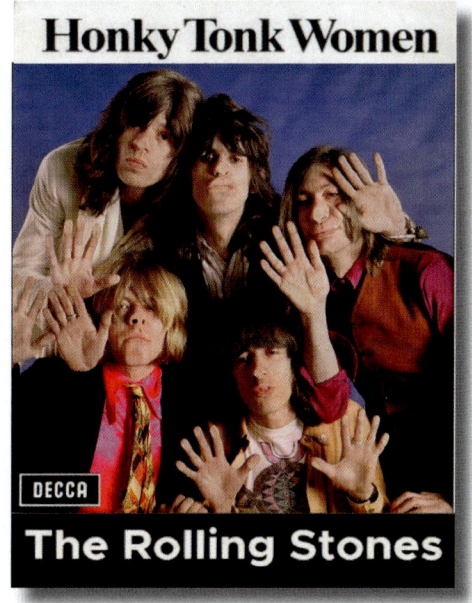

Pubblicità di "Honky Tonk Women" su locandina DECCA, 1969
"Honky Tonk Women" advertisement on DECCA leaflet, 1969

L'etichetta è blu scuro con o senza riferimenti al copyright in inglese **(220, 221)** e l'edizione per juke box ha etichetta bianca **(222, 223, 224)** con lievi differenze dovute alla presenza o meno dell'indicazione delle società distributrici per circuiti juke-box.

*In summer 1969 **"Honky tonk women/You can't always get what you want"** was released: it's the last song with the presence of Brian Jones, and the sleeve is similar for most of the world releases (France, Germany, USA, Danmark...). The picture on the sleeve already portrays Mick Taylor, although he makes a relatively humble contribution to the song; the band is shot in front of a club counter and it's identical on the rear **(218, 219)**. The b-side, **"You can't always get what you want"** is missing the London Bach Choir intro that opens the version present on the **"Let it bleed"** album. The label is dark blue with or without the presence of the copyright rim line in English **(220, 221)** and the juke-box issue has white label **(222, 223, 224)** with a few differences with the presence of the reference to the distributing companies for juke-box network.*

1970

Satisfaction/The under assistant West Coast promotion man
XDR 53801; XDR 36261
DECCA F-12220 (1970)

Con le mie lacrime/Heart of stone
XDRI 34777-A/XDR 34777
DECCA F-22270 (1970)

Nell'estate del 1970, in previsione dei concerti che gli Stones hanno programmato a Roma e Milano a fine settembre ed inizio ottobre, la DECCA ristampa due 45 giri già editi alcuni anni prima, *"Con le mie lacrime"* e *"Satisfaction"*, presentati sui cataloghi della società come

1970

 **(226)**

"novità del catalogo". Mentre *"Satisfaction"* viene ristampato con la stessa copertina già impiegata nel 1966 **(225)**, non è chiaro quale copertina sia stata invece utilizzata per *"Con le mie lacrime"*. Le etichette sono del tipo blu scuro con caratteri in argento, logo DECCA in riquadro argento e marchio SIAE in riquadro rettangolare o quadrato, timbro SIAE assente; sull'etichetta di *"Con le mie lacrime"* compare il riferimento all'editore musicale Mecolico fuori dal riquadro **(226)**. Per *"Satisfaction"* si rimanda alla descrizione di pag.37. Non sono state emesse edizioni per juke box.

In summer 1970, in anticipation of the italian concerts in Rome and Milano, DECCA reprints two singles from its past catalogue, *"Con le mie lacrime"* and *"Satisfaction"*, presented on DECCA bullettin as *"news in the catalogue"*. While *"Satisfaction"* has been presented in the same sleeve as the previous issue dated 1966 **(225)**, nobody knows for sure which sleeve was issued for *"Con le mie lacrime"*. The labels are dark blue with silver lettering, boxed DECCA logo and boxed SIAE marks **(226)**, without SIAE ink stamps. *"Satisfaction"* is described at page 37 **(227)**. No juke box issue is known to exist.

1970

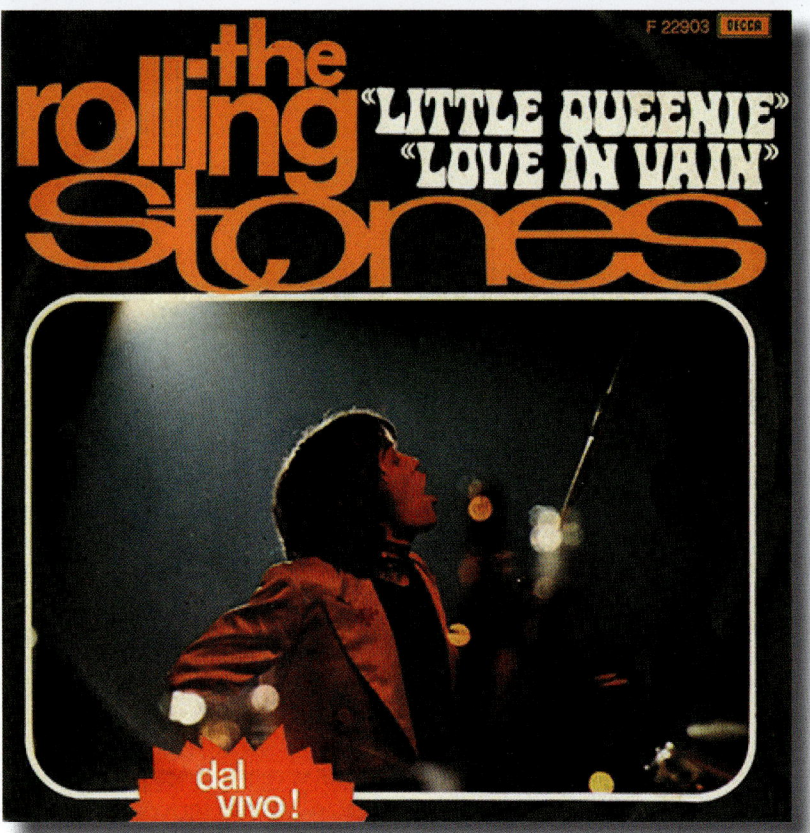

Little Queenie/Love in vain
XZAL 10077-3; XZAL 10076-4
DECCA F-22903 (9.10.1970)

Tratto dal live *"Get yer ya-ya's out"* e stampato a fine 1970, il singolo *"Little Queenie/Love in vain"* viene distribuito solo a partire dai primi mesi del 1971, con una copertina che riproduce sul fronte un'immagine di Jagger di fronte a un microfono *(228)* e sul retro una fotografia della band su un palco (Milano ?) in concerto *(229)*. Un riquadro rosso su entrambe le facciate sottolinea che si tratta di due brani registrati *"dal vivo"*; l'etichetta è come di consueto blu scuro che presenta nella prima edizione il contrassegno SIAE incluso in riquadro *(230)*, poi tra due tratti orizzontali nella seconda edizione *(231)*. Sul retro, *"Love in vain"* è presente il richiamo all'editore Aromando (232). La numerazione è diversa da tutto il cata-

1970

logo DECCA ed è unica per il mercato italiano. L'etichetta per l'edizione juke-box è bianca con lettering nero **(233, 234)**.

Taken from the live album *"Get yer ya-ya's out", printed at the end of 1970 "Little Queenie/Love in vain"* only joins the records stores at the beginning of 1971, with a nice sleeve portraying Jagger in front of a microphone **(228)**, and on the back the whole band on a stage (Milan ?) in concert **(229)**. A red alert on the bottom of both faces underlines that these are "live" recordings. The label is dark blue as usual, the SIAE tag is shown included in a rectangular box **(230)** in the first issue and between two dashes in subsequent issues **(231)**. The b-side, **"Love in vain"** has the name of the music publisher Aromando printed on the label **(232)**. The juke box pressing is in a white label with black lettering **(233, 234)**.

1971

BROWN SUGAR

Brown sugar/Bitch
RS 19100-1; RS 19100-2
ROLLING STONES RECORDS RS-19100 (15.4.1971)

Nonostante sia stata scritta nel 1969 ed eseguita più volte durante il tour europeo del 1970, *"Brown sugar"* viene registrata e pubblicata soltanto dopo la risoluzione del contratto con la DECCA e la firma dell'accordo di distribuzione della nuova etichetta con la ATLANTIC records (distribuita da RICORDI nel nostro paese). In Italia giunge nei negozi a fine aprile con una copertina in cui il gruppo, ad eccezione di Wyman, "indossa" le copertine del nuovo album *"Sticky fingers" (235)*. Sul retro un primo piano di un fondoschiena in jeans *(236)*. L'etichetta è gialla con il nome della band stampato in obliquo a simulare un timbro ed a fianco il nuovo logo della casa discografica, la celebre lingua creata da John Pasche studen-

1971

BROWN SUGAR

te del Royal College of Art **(237, 238)**. L'edizione per juke-box è in etichetta bianca con caratteri neri **(239)** ed è accoppiata ad *"All'ombra"* di *Pascal* **(240)**, cantante italiano che incide per l'etichetta Ricordi distributrice in Italia dell'etichetta Rolling Stones Records. Successivamente una nuova edizione di *"Brown sugar"* viene realizzata per il circuito juke box, accoppiata questa volta al brano *"If"* dei *Bread* **(241, 242)**.

Pubblicità di "Brown Sugar" su locandina promozionale per negozi, 1971 - "Brown Sugar" advertisement on DECCA leaflet for record stores, 1971

In spite of being written in 1969 and played live several times over the course of the European tour of 1970, *"Brown sugar"* is released only after the band finally extricates itself from the control of their longtime record label DECCA and after the signature to a brand new deal with ATLANTIC records. In Italy the record joins the record stores at the end of April with a sleeve picturing the band wearing the covers of their brand new album *"Sticky fingers"* **(235)**. On the back sleeve a rump in jeans **(236)**. The label is yellow with black lettering, the band's name appears like a stamp along with the new logo of the record company, the famous *"lip and tongue"* created by a student of Royal College of Art, John Pasche **(237, 238)**. The juke box issue comes in a white label with black lettering **(239)** and is coupled with *"All'ombra"*, a song of an italian singer, Pascal **(240)**. Later in the same year, a new edition of *"Brown sugar"* was released for the juke box circuit, coupled this time with the song *"If"* by Bread **(241, 242)**.

Street fighting man/Surprise surprise/Everybody needs somebody to love
ZEFF 2995-1K; 33 XZDR 34769 T1-1K
DECCA F-13195 (1971)

Pronta a sfruttare la scia del successo di *"Brown sugar"*, la DECCA pubblica a fine estate del 1971 un disco contenente oltre alla già nota *"Street fighting man"* due canzoni inedite su singolo: *"Surprise surprise"* e *"Everybody needs somebody to love"*. La copertina ritrae la band nella formazione con Mick Taylor in luogo di Brian Jones **(243)** e sul retro, oltre ai titoli e al nome del gruppo, compaiono alcuni titoli del catalogo DECCA relativi ad altri artisti **(244)**. L'etichetta è blu scuro **(245, 246)**, non esiste edizione per juke box. Il singolo suona a 33 giri.

1971

Ready to take advantage of the successful wave of **"Brown sugar"**, DECCA publishes a single in late summer 1971 containing in addition to the well known **"Street fighting man"** two songs unreleased on this format : **"Surprise surprise"** and **"Everybody needs somebody to love"**. The cover shows a shot of the band with Brian Jones already replaced by Mick Taylor **(243)** and on the back sleeve besides the titles and the band's name an excerpt of other artists' records from the DECCA catalogue **(244)**. The label is dark blue with boxed DECCA logo **(245, 246)**, no juke box issue is known to exist. The record must be played at 33 rpm.

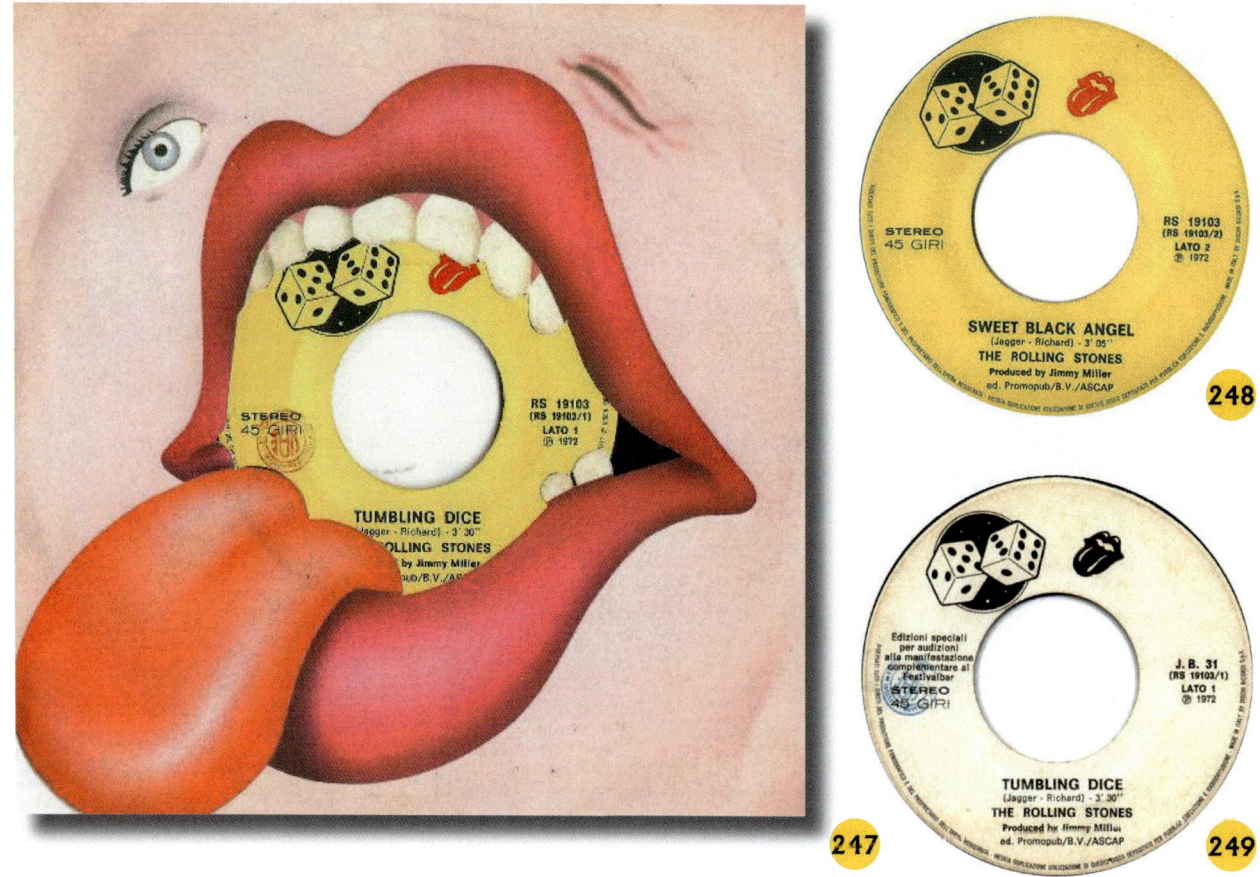

Tumbling dice/Sweet black angel
RS 19103-1; RS 19103-2
ROLLING STONES RECORDS RS-19103 (11.4.1972)

Dall'album *"Exile on main street"* viene estratto questo singolo con una copertina che richiama il logo *"lips and tongue" (247)*, l'etichetta è gialla e sulla parte superiore compaiono sia il logo *"lips and tongue"* che una coppia di dadi *(248)*. L'edizione per juke box ha etichetta bianca *(249)* ed è accoppiata a *"Bella mia"* di **Silver,** cantante italiano su etichetta Ricordi *(250)*. In settembre una rivista italiana di Hi-fi e musica pubblica una recensione del 45 giri *"Happy/All down the line"* creando una certa confusione: poichè viene riportato un numero di catalogo corrispondente con la stampa USA del singolo. E' probabile che il giornalista

1972

TUMBLING DICE

250

251

Rolling Stones – «Happy»

Il nuovo 45 giri tratto dal fortunato doppio album *Exile on Main street* ripropone Keith Richard in veste di cantante per un brano di rock energico come è da anni nello stile della band. C'è da essere certi che *Happy* entrerà di diritto nelle scalette per le loro future performances in concerto. Sul retro *All down the line*, una ballata elettrica cantata da Jagger in cui la sezione ritmica gioca un ruolo di primissimo piano. Dischi Ricordi RS 19104. (g.s.)

in questione abbia recensito una copia americana del disco; resta un mistero comunque, la citazione della distribuzione Ricordi in calce all'articolo **(251)**. In ogni caso, è certo che il disco in edizione italiana non esiste.

Pubblicità di "Tumblin' dice", 1972
"Tumblin' dice" advertisement for record stores, 1971

From the album **"Exile on main street"** comes this 7" with a sleeve that recalls the **"lips and tongue"** logo **(247)**. The label is yellow and contains in the upper part both the Stones' logo and a couple of dice **(248)**. The issue for juke box has white label **(249)** and it is backed with **"Bella mia"** sung by **Silver** on Ricordi label **(250)**. In september, an Italian magazine published a review of **"Happy/All down the line"** creating a certain degree of confusion: since the note lists the catalogue number corresponding to the one issued in USA, it is likely that the journalist reviewed a copy of the record made in USA; a veil of mystery still shrouds the presence of the reference to the Ricordi distribution at the bottom of the review **(251)**. Anyhow, it's certain that an Italian edition of the record does not exist.

1973

SATISFACTION 1973

Satisfaction/The under assistant West Coast promotion man
XDR 53801; XDR 36261
DECCA F-12220 (1973)

Nei primi mesi del 1973 la DECCA ritorna alla carica del mercato italiano ristampando alcuni titoli del proprio catalogo, presentati sul bollettino informativo per i negozi di dischi nel mese di aprile 1973. Si tratta di **"Disco Poker", "Satisfaction", "Con le mie lacrime"** e **"Lady Jane"**: sui bollettini successivi, misteriosamente, **"Lady Jane"** non compare più e di questa incisione non rimane più traccia alcuna. Nessuno dei quattro dischi ha una versione per juke-box. **"Satisfaction"** è identico alla ristampa di tre anni prima **(252)**, e le due edizioni sono difficilmente distinguibili tra di loro, se non per la presenza del marchio SIAE nella nuova riedizione anziché BIEM **(253).** Per altre descrizioni, si rimanda a pag.38.

1973

Cartolina promozionale della DECCA Italia, circa 1967
Promotional postcard issued by DECCA Italy, circa 1967

In early 1973 DECCA gets back into the fray of the Italian market re-releasing a few titles from its back catalogue, presenting them on the information bulletin distributed to update record dealers in April 1973. They are **"Disco Poker", "Satisfaction", "Con le mie lacrime"** and **"Lady Jane",** but on subsequent bulletins, mysteriously **"Lady Jane"** disappears without a trace. None of these four re-releases had a juke box issue. **"Satisfaction"** is identical to the reissue of 1970 **(252)** and the two versions are hardly distinguishable if not for the presence of the SIAE marks on the new issue **(253)**. For further descriptions, please see pag.38.

1973

DISCO POKER 1973

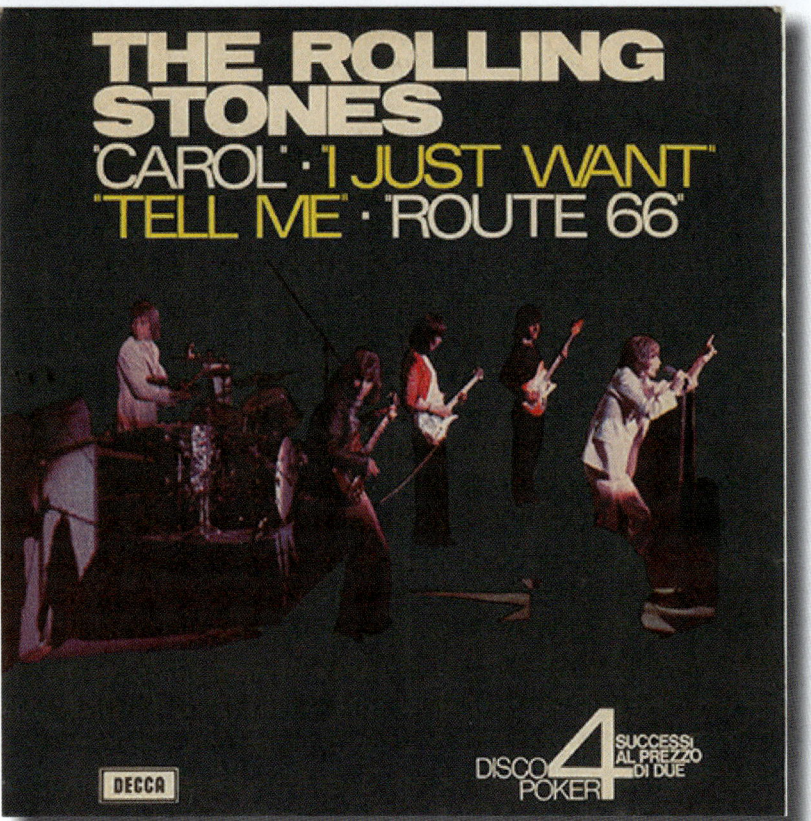

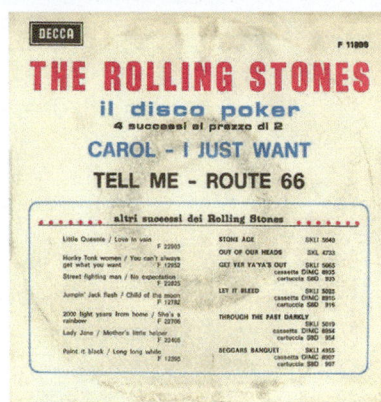

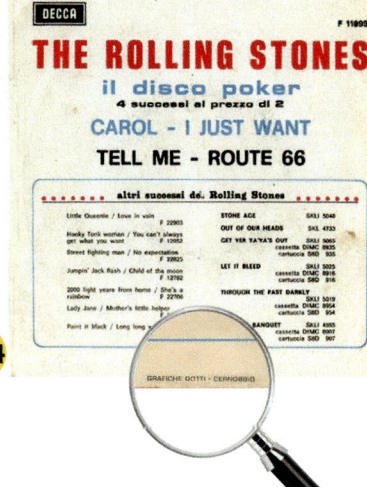

Il disco Poker
Carol/I just wanna make love to you/Tell me/Route 66
DECCA F-11999
XARL EP 6272-A; XARL EP 6272-B (1973)

Il *"Disco Poker"* viene ristampato con una nuova copertina che ritrae la band dal vivo e sul retro copertina vengono pubblicizzati alcuni 45 giri e long playing della band, compreso "Stone age" raccolta di brani poco noti ed inediti non riconosciuta dal gruppo. La prima edizione presenta un fronte copertina stampato con alcuni gravi difetti cromatici *(254)*, tanto da dover essere sostituito con una realizzazione grafica migliore *(255, 256)*. Una ristampa successiva non riporta più sul retro copertina l'indicazione dello stampatore *"Grafiche Dotti – Cernobbio" (257)*. L'etichetta presenta marchio SIAE in cornice rettangolare

1973

DISCO POKER 1973

nella prima edizione, *(258)* e in cornice quadrata nella successiva *(259)*.

The **"Disco poker"** has been reissued with a brand new picture sleeve portraying the band live on a stage. On the back sleeve some singles and long playings are advertised, including the newest compilation **"Stone age"** released by the company but not approved by the band. The label is dark blue with boxed DECCA logo. The first edition features a printed front cover with some serious color defects *(254)*, so much so that it had to be replaced with a better graphic design *(255, 256)*. A subsequent reprint no longer shows on the back cover the indication of the printer **"Grafiche Dotti - Cernobbio"** *(257)*. The label is dark blue with SIAE marks in a rectangular box in the first edition, *(258)* and in a square frame in the next *(259)*.

1973

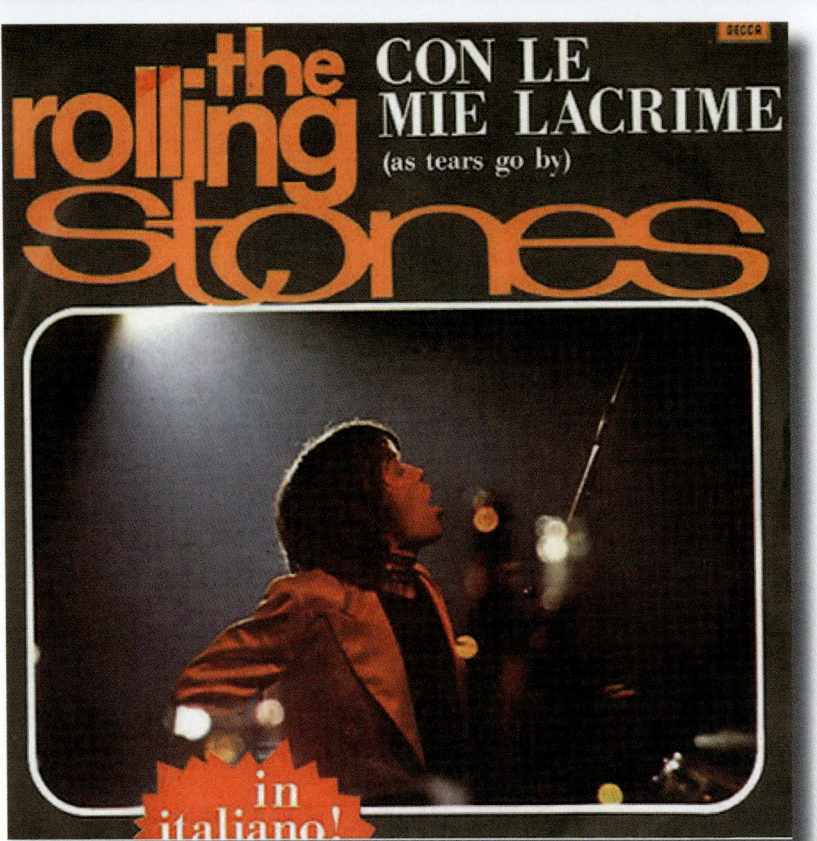

**Con le mie lacrime/Heart of stone
XDRI 34777-A/XDR 34777
DECCA F-22270 (08.05.1973)**

"Con le mie lacrime" è realizzato sia con la copertina già impiegata per l'edizione originale del 1966 e ristampa del 1970 **(260)**, sia con una nuova copertina simile a quella edita per *"Little Queenie"* con in basso in campo rosso l'indicazione *"in italiano"* **(261)**. Sul retro vengono pubblicizzati 4 long playing **("Rock'n'Rolling Stones","Let it bleed", "Get yer ya-ya's out"** e **"Aftermath") (262)**. In etichetta blu con logo DECCA in riquadro compare il timbro SIAE che può essere sia racchiuso in riquadro **(263)** che libero **(264)**. *"Con le mie lacrime"* tornerà nei negozi di dischi nel 1975 e nel 1978 nella copertina del 1966: non è noto se si tratta di nuove edizioni o di copie invendute e reintrodotte in commercio.

1973

The reissue of *"Con le mie lacrime"* came out both with the cover already used for the original edition of 1966 and reprint of 1970 **(260)**, and with a new cover similar to that published for *"Little Queenie"* with a red alert on the bottom reporting *"in italiano"* **(261)**. 4 long playing (*"Rock'n'Rolling Stones"*, *"Let it bleed"*, *Get yer ya-ya's out"* and *"Aftermath"*) are advertised on the back **(262)**. The SIAE mark appears on the blue label with the boxed DECCA, which can be either boxed **(263)** or unboxed **(264)**. *"Con le mie lacrime"* will return to record stores in 1975 and 1978 with the same picture sleeve as the one relased in 1966: it is not known if they are new editions or unsold and reintroduced copies on the market.

1973

Lady Jane/Mother's little helper
XRDF 37897 T1-1C; XARL 7209-1
DECCA F-22405 (1973)

"Lady Jane" è la più misteriosa e per certi versi controversa incisione a 45 giri della band: presentato per essere distribuito nel corso del 1973 assieme alle altre tre ristampe, in realtà per qualche motivo ignoto non vede mai la luce, si conosce l'esistenza di sole due copie di cui una molto probabilmente proveniente dagli archivi DECCA. La copertina è identica all'originale del 1966 ma con busta chiusa, senza cioè le due facciate con la discografia **(265, 266)**, l'etichetta è blu scuro con logo DECCA in riquadro e contrassegno SIAE sem-

1973

Cartolina promozionale della DECCA Italia
Promotional postcard issued by DECCA Italy

plicemente applicato con timbro **(267)**. Ad accrescere la stranezza di questo disco, la presenza del semplice marchio D.R. sull'etichetta. La spiegazione più convincente del mistero indica un ritardo nella stampa di **"Lady Jane"** e, a seguito dello scarso impatto sul mercato delle altre tre, conseguente rinuncia alla produzione del quarto titolo..

"Lady Jane" *represents the most mysterious and controversial reissue of the entire DECCA catalogue: it was presented for the distribution in 1973 along with the other three but for some unrecognized reason it never saw the light. Only two copies, probably coming from Italian DECCA archives, are known to exist. The sleeve is similar to the original 1966 one, but not in gatefold format, actually missing the pages with the discography **(265, 266)**. The label is dark blue with boxed DECCA logo **(267)**.*
*To increase the strangeness of this record is the presence of the simple D.R. mark on the label. The more convincing reason for this mystery is that **"Lady Jane"** was sent to the vynil printers late, and since in the meantime the sales of the other three were unsatisfactory, DECCA decided to withdraw the release.*

SAD DAY — 1973

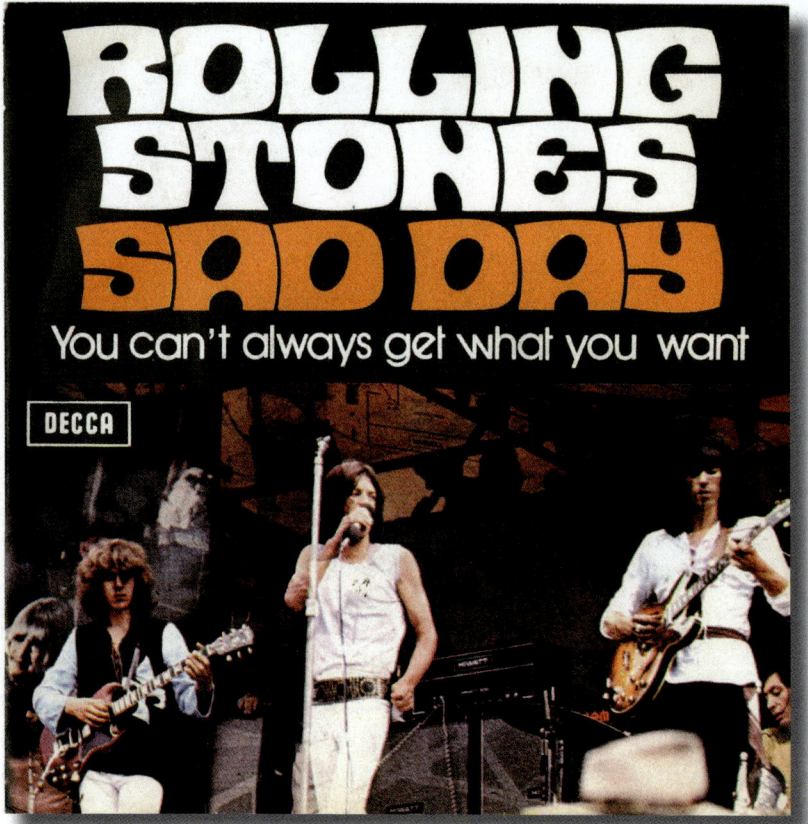

Sad day/You can't always get what you want
DR-37497 t1-1c; XDR-45284 T1-1C
DECCA F-13404 (27/4/1973)

La politica della DECCA di sfruttamento del catalogo della band in suo possesso prosegue con la pubblicazione di *"Sad day/You can't always get what you want"* in una copertina che ritrae la band sul palco del concerto di Hyde Park di Londra del 1969 **(268)**. La copertina è apribile e riporta all'interno la discografia DECCA a 45 e 33 giri della band **(270)** con la consueta confusione tra edizioni italiane, inglesi (*"The Rolling Stones n.1"*, *"Their Satanic Majesties Requests"*) e francesi (*"Around and Around"*). Mentre il lato B era già stato pubblicato sull'album *"Let it bleed"* e come retro di *"Honky Tonk Women"*,

1973

SAD DAY

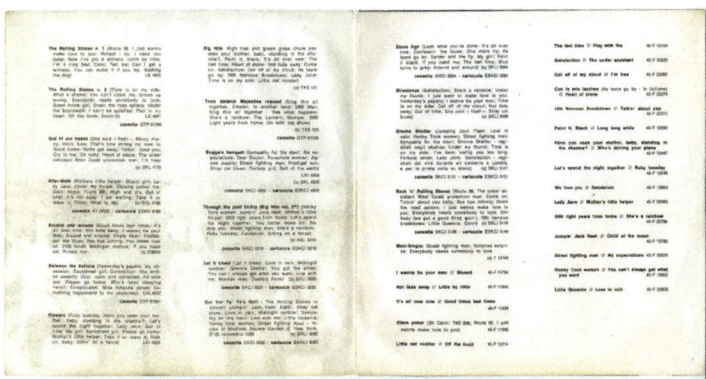

270

272

273

"Sad day" è una novità per diversi mercati europei (in USA, Canada e Sud America era già stata edita come b-side di **"19th Nervous Breakdown"** nel 1966). L'etichetta è blu scura con logo DECCA in riquadro; la prima edizione presenta contrassegno D.R. sul lato A, libero o tra due trattini **(269, 271)** e marchio SIAE in riquadro rettangolare sul lato b **(272)**, che diventa quadrato in edizioni successive **(273)**. Non esiste edizione destinata al circuito dei juke box.

The commercial policy of DECCA Records, aimed at getting maximum returns from the band's back catalogue proceeds with the release of **"Sad day/You can't always get what you want"** with a nice gatefold sleeve picturing the band on the stage of Hyde Park, London 1969 **(268)**. The inner sides of the sleeve list the discography of the band **(270)** with the usual confusion between Italian, English (**"The Rolling Stones n.1"**, **"Their Satanic Majesties Requests"**) and French (**"Around and Around"**) issues. While the b-side has been published already on the album **"Let it bleed"** and as b-side of the single **"Honky Tonk Women"**, **"Sad day"** is a brand new release for several markets in Europe (it was issued as b-side of **"19th Nervous breakdown"** only in Canada, USA and South America). The label is, dark blue with boxed DECCA logo; the first edition shows D.R. unboxed or between two dashes **(269,271)** on the side A and SIAE brand in a rectangular box on the side b **(272)**, which becomes squared in subsequent editions **(273)**. The juke box edition does not exist.

1973

ANGIE

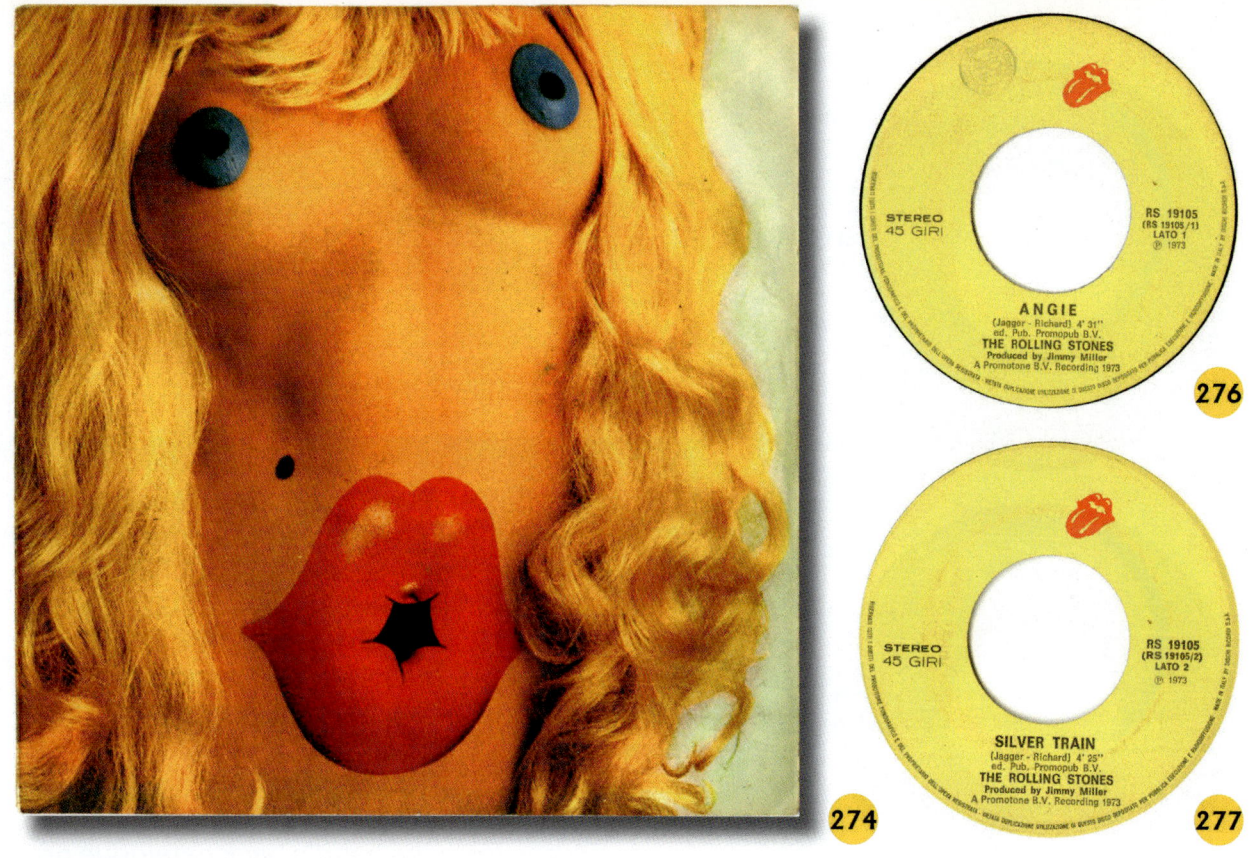

Angie/Silver train
RS-19105-1; RS-19105-2 (29/8/73)
ROLLING STONES RECORDS RS-19105

L'estate del 1973 vede la pubblicazione di *"Angie/Silver train"*, primo 45 giri tratto dall'album *"Goat's head soup"*, contenente una fra le canzoni più celebri della band. La copertina dell'edizione italiana è analoga a quella della maggioranza delle edizioni europee, con un corpo femminile ritratto a simulare un viso, e sul retro i titoli e il nome della band su sfondo rosso **(274, 275)**. L'etichetta è gialla con logo *"labbra e lingua" (276, 277)*, l'edizione per juke box in etichetta bianca è accoppiata a *"Goodbye Yellow Brick Road"* di Elton John sul lato b **(278, 279)**.

94

1973

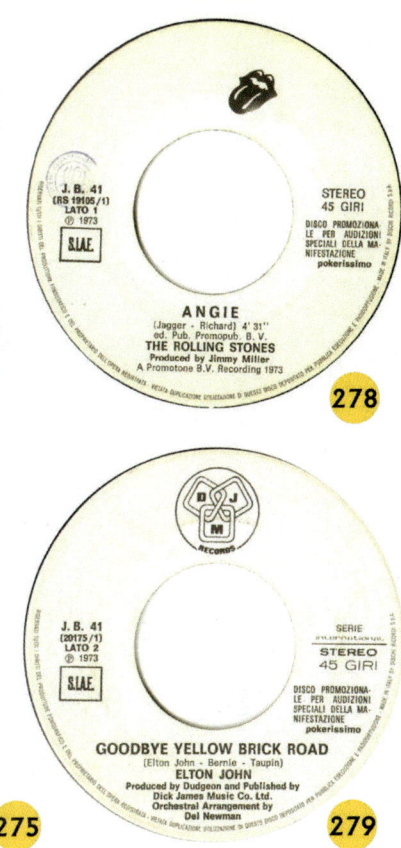

ANGIE

In the summer of 1973, **"Angie/Silver train"**, the first single from the forthcoming album **"Goat's head soup"** is released, presenting one of the most celebrated hits of the band. The sleeve of the italian edition is like most of the european releases, picturing a female body simulating a girl's face on front, and simply titles and band's name on red background on the rear **(274, 275)**. "Angie" comes in a yellow label with the red **"lips and tongue"** logo **(276, 277)**, the juke box issue in white label is backed by **Elton John**'s "Goodbye Yellow Brick Road" **(278, 279)**.

1974

**Doo doo doo doo (Heartbreaker)/Dancing with Mr.D
RS-19109-1; RS-19109-2
ROLLING STONES RECORDS RS-19109 (28/1/1974)**

Il secondo singolo tratto dall'album *"Goat's head soup"* viene realizzato nel gennaio del 1974 con in copertina una non particolarmente accattivante immagine di Jagger in violetto su sfondo blu *(280)* identica anche sul retro *(281)*; l'etichetta è gialla con logo *"labbra e lingua" (282, 283)*. L'edizione per juke box in etichetta bianca è abbinata sul lato b a *"Tubular bells"* di **Mike Oldfield (284, 285)**.

1974

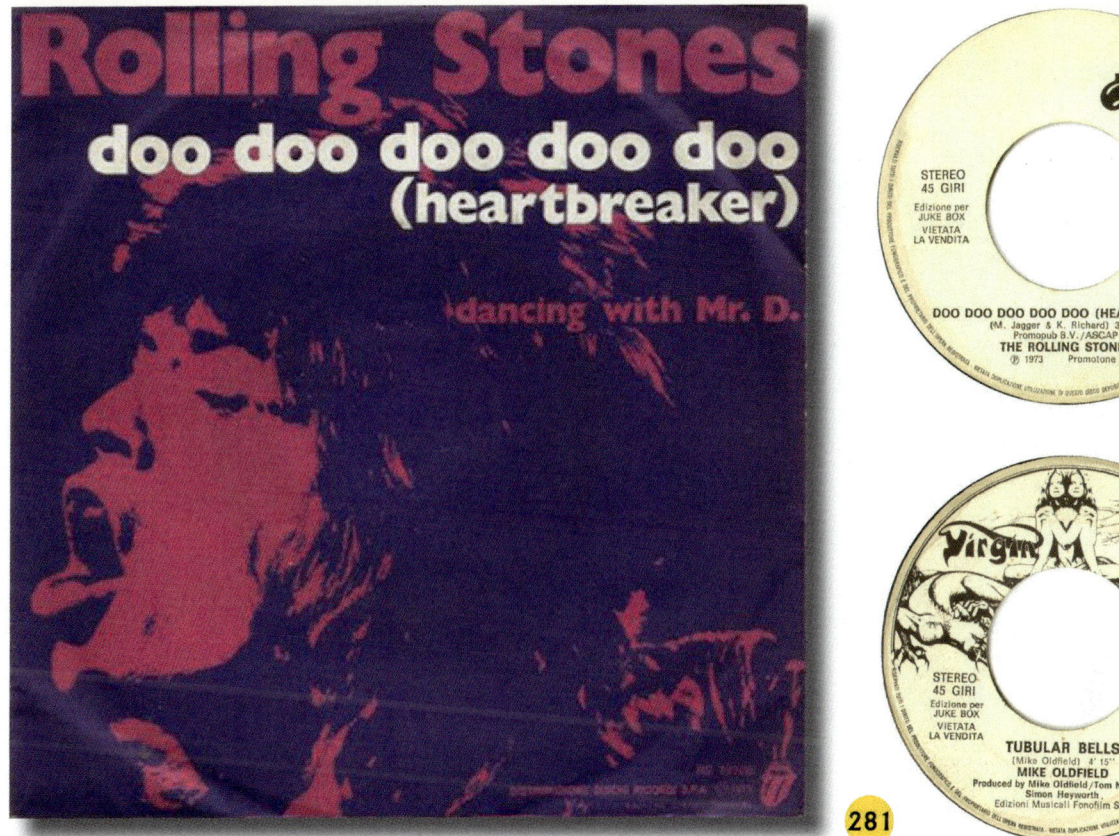

A second single from **"Goat's head soup"** is released in January 1974, with a sleeve portraying the face of Jagger in violet on blue background **(280, 281)**; the label is yellow with red **"lips and tongue"** logo **(282, 283)**. The juke box issue, in a white label is backed by **Mike Oldfield's** "Tubular bells" **(284, 285)**.

1974

IT'S ONLY ROCK'N'ROLL

**It's only rock'n'roll/Through the lonely nights
RS-19301 A; RS-19301 B
ROLLING STONES RECORDS RS-19301 (25/10/1974)**

Contemporaneamente all'uscita del Lp *"It's only rock'n'roll"* in Ottobre del 1975, la title track viene pubblicata su 45 giri con un brano inedito sul lato b. La copertina dell'edizione italiana è differente da tutte le altre edizioni, con una fotografia di Jagger in primo piano e il sassofonista Bobby Keys con Bill Wyman sullo sfondo **(286)**. L'etichetta è gialla con il logo *"labbra e lingua" (287, 288)*, mentre l'edizione per juke box in etichetta bianca ha sul retro la stessa *"Through the lonely nights"* dell'edizione commerciale **(289, 290)**.

1974

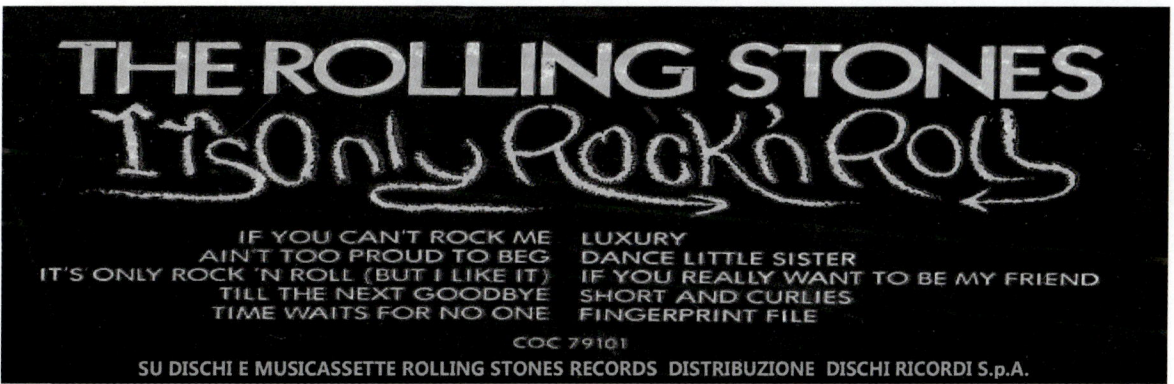

Pubblicità di "It's only rock'n'roll", da rivista musicale italiana, 1974
"It's only rock'n'roll" advertisement from italian music magazine, 1974

At the same time of the issue of the Lp **"It's only rock'n'roll"** in October 1975, the title track was released on a single backed by **"Through the lonely nights"** which was unpublished on the album. The italian sleeve is unique and portrays a nice picture of Jagger on a stage with sax player Bobby Keys and Bill Wyman in the background **(286)**. The label is yellow with red **"lips and tongue"** logo **(287, 288)** and the juke box release has a white label and regular b-side **(289, 290)**.

1974

Ain't too proud to beg/Dance little sister
RS-19116-1; RS-19116-2
ROLLING STONES RECORDS RS-19116 (20/12/1974)

Anche il secondo singolo tratto dall'album *"It's only rock'n'roll"* si presenta con una copertina unica per il mercato italiano con una bella immagine di Jagger e Richard in concerto *(291)*, l'etichetta è gialla con logo *"labbra e lingua" (292, 293)*. L'edizione in etichetta bianca è destinata al circuito juke box *(294, 295)*.

1974

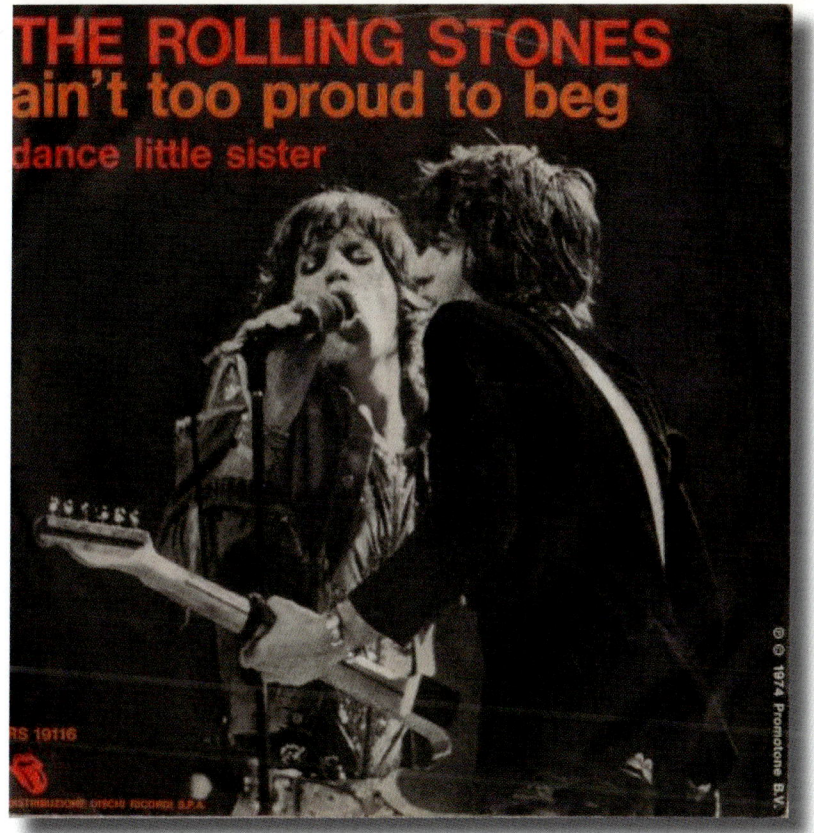

294

295

AIN'T TOO PROUD TO BEG

Also the second 7" released from the album *"It's only rock'n'roll"* comes in a unique picture sleeve portraying a nice shot of Jagger and Richards live on a stage *(291)*. The label is yellow with *"lips and tongue"* logo *(292, 293)*. The issue in a white label is for juke box network *(294, 295)*.

1975

I DON'T KNOW WHY

I don't know why/Try a little harder
ZXDR-57698 T1-1C; ZXDR-57699 T1-1C
DECCA F-13584 (5/1975)

A maggio del 1975 la DECCA pubblica *"Metamorphosis"*, una raccolta di outtakes e di brani in versioni differenti da quelle già edite, naturalmente tenendo all'oscuro la band dal progetto. Dal Lp, peraltro edito in due differenti versioni per il mercato europeo e americano, viene immediatamente tratto il singolo *"I don't know why/Try a little harder"* che riprende in copertina la stessa inquietante immagine dell'album **(296, 297)** con etichetta blu scuro e logo DECCA in riquadro **(298, 299)**. Non esiste un'edizione per juke box.

1975

I DON'T KNOW WHY

In May 1975 DECCA presents **"Metamorphosis"**, a compilation of out takes, demos and different takes of songs already published over the course of DECCA years, obviously without notifying the band. From this Lp a single **"I don't know why/Try a little harder"** was immediately released with the same picture as the album portraying the band in a insect-like metamorphosis **(291, 292)**; the label is dark blue with boxed DECCA logo **(293, 294)**. This record didn't have a juke-box issue.

Out of time/Jiving Sister Fanny
ZXDR-57700 T1-1C; ZXDR-57711 T1-1C
DECCA F-13597 (1975)

Un secondo 45 giri tratto da *"Metamorphosis"* viene pubblicato nell'estate del 1975 contenente una particolare versione di *"Out of time"* in cui la voce di Jagger è incisa sulla stessa base musicale utilizzata da Chris Farlowe nella sua versione del 1966. La copertina, su fondo azzurro, ripropone una fotografia della band con Brian Jones *(300, 301)*; l'etichetta è blu scuro con logo DECCA in riquadro *(302, 303)*. Non esiste edizione per juke box.

1975

Pubblicità di "Metamorphosis" e "Out of time" da catalogo DECCA, 1975
"Metamorphosis" and "Out of time" advertisement from DECCA catalogue, 1975

A second 7" selected from the album **"Metamorphosis"** hit the market in the summer of 1975 with a particular arrangement of **"Out of time"** featuring Jagger singing over the same backing track used for Chris Farlowe's 1966 version. The sleeve in light blue background pictures a shot of the band with Brian Jones **(300, 301)**; the label is dark blue with boxed DECCA logo **(302, 303)**. No juke box issue is known to exist.

1976

304

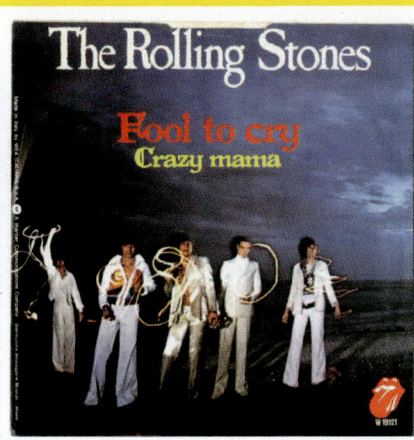

305

Fool to cry/Crazy mama
59-19305-1N; 59-19305-2N
ROLLING STONES RECORDS W-19121 (4/1976)

Tratto dall'album *"Black and blue"* in aprile 1976 viene presentato *"Fool to cry/Crazy mama"* con distribuzione WEA. La copertina dell'edizione italiana è unica e riproduce uno scatto della stessa sessione della fotografia presente all'interno dell'album *(304, 305)* realizzata dal fotografo di moda Hiro a Sanibel Island Beach, Florida. L'etichetta è gialla con logo *"labbra e lingua" (306, 307)*; l'etichetta dell'edizione per juke box è bianca e gli autori dei due brani sono erroneamente elencati come *"Keith Richard & M.J. Agger" (308, 309)*.

1976

FOOL TO CRY

306
308
307
309

Poster promozionale per "Black'n'blue" censurato, 1976
Censored promotional poster for "Black'n'blue", 1976

*From the album **"Black and blue"** in April 1976 the single **"Fool to cry/Crazy mama"** is released and distributed by WEA. The sleeve of the Italian issue is unique and pictures a shot from the same session as the picture of the album gatefold **(304, 305)** carried out by fashion photographer Hiro, in Sanible Island Beach, Florida. The label is yellow with **"lips and tongue"** logo **(306, 307)**; the label of the juke box edition is white with misspelled credits **"M.J. Agger" (308, 309)**.*

1976

ANGIE / CHERRY OH BABY

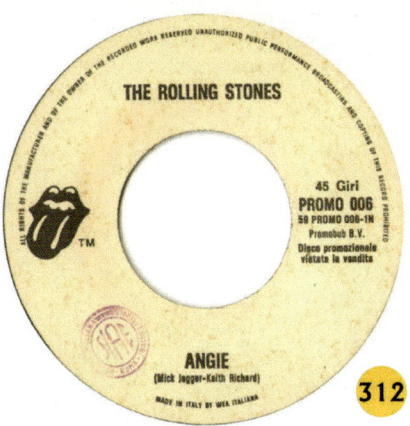

Angie/Cherry oh Baby
59 PROMO 006-1N; 59 PROMO 006-B
ROLLING STONES RECORDS PROMO 006 (05.1976)

In Maggio 1976 la rivista *"Spettacoli & Società"* allega al numero 13 il 45 giri *"Angie/Cherry oh Baby"* in una copertina in bianco e nero *(310)* con sul retro una presentazione di Massimo Villa *(311)*. L'etichetta è bianca *(312, 313)*.

In May 1976 the magazine *"Spettacoli & Società"* included at number 13 the record *"Angie/Cherry oh Baby"* in a black and white sleeve *(310)* reporting on back an introduction by Massimo Villa *(311)*. The label is white *(312, 313)*.

1976

ANGIE / CHERRY OH BABY

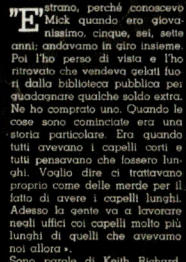

Pubblicità della rivista "Spettacoli e società" 1976
Advertisement for the magazine "Spettacoli e società", 1976

1977

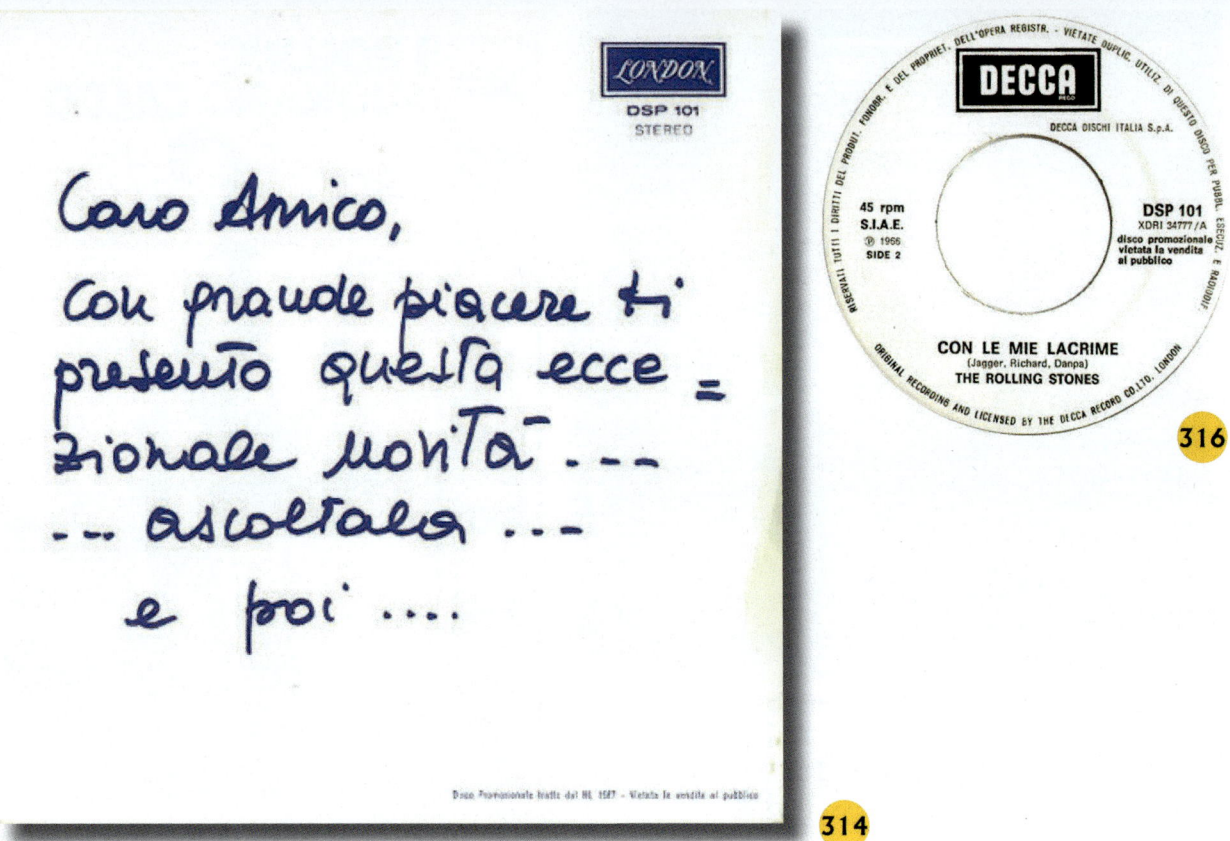

Con le mie lacrime/Keep it up (Olympic Runners)
ZCL 8207; XDRI 34777/A
DECCA/LONDON DSP-101

Nel 1977, la DECCA a sorpresa pubblica un 45 giri promozionale destinato per lo più al circuito radiofonico, contenente sul lato a *"Con le mie lacrime"* e sul lato B *"Keep it up"*, un brano della band britannica **Olympic Runners**. La copertina riporta un invito dell'ufficio promozione DECCA Italia ad ascoltare il brano e sul lato B domanda agli ascoltatori se fossero al corrente che Jagger avesse cantato in italiano *(314, 315)*. L'etichetta è bianca, con logo DECCA sul lato A e logo LONDON sul lato B *(316, 317)*. Misteriosamente, a fine anno e all'inizio del 1978 alcune copie dell'edizione di *"Con le mie lacrime"* con copertina con

1977

CON LE MIE LACRIME PROMO

315

317

gruppo al biliardo, ritornano in vendita, non è dato di sapere se si tratta di copie invendute o di una nuova tiratura.

In 1977 DECCA surprisingly publishes a promotional single mainly for broadcast network, featuring **"Con le mie lacrime"** as A side backed by **"Keep it up"** a song recently released by the british funk-band Olympic Runners. The sleeve invites the fans to listen to the record, and on the back it is asked if anybody knew that Mick Jagger had sung a track in Italian **(314, 315)**. The record is in a white promotional label with DECCA logo on front and LONDON logo on rear **(316, 317)**. Strangely, at the end of the year and the beginning of 1978 a certain number of copies of issue of **"Con le mie lacrime"** in pool sleeve hit the record stores, but it is impossible to know if they were unsold stock copies or a brand new run.

111

MISS YOU 1978

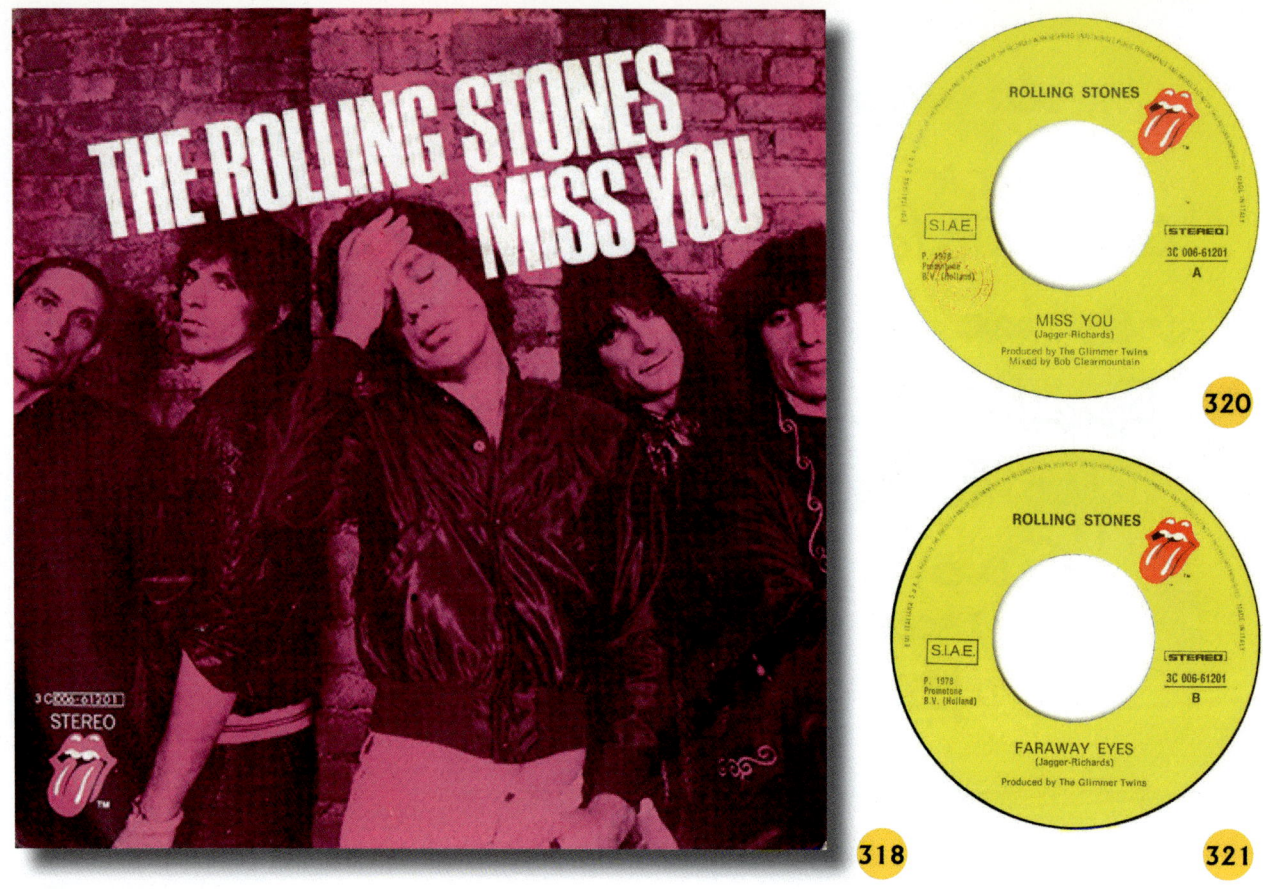

Miss you/Far away eyes
61201 A; 61201 B
ROLLING STONES RECORDS 3C 006-61201 (24/05/1978)

Il nuovo corso artistico della band, con distribuzione affidata alla EMI, si inaugura con *"Miss you/Far away eyes"* tratto dall'album *"Some girls"* poco prima dell'estate 1978. La copertina è simile in tutte le edizioni mondiali (esclusa l'Ungheria) *(318, 319)*, l'etichetta è gialla con logo "labbra e lingua" *(320, 321)*. L'edizione destinata ai juke box è in etichetta bianca e sul retro è presente il brano *"Gimmie some good times"* di **Lou Reed *(322, 323)*** su etichetta Arista. Una edizione successiva vede il brano *"Can-can"* degli **Stainless Steal** al posto di Lou Reed *(325, 326)* Una edizione particolare di *"Miss you"* a seguito della elezione del

1978

MISS YOU

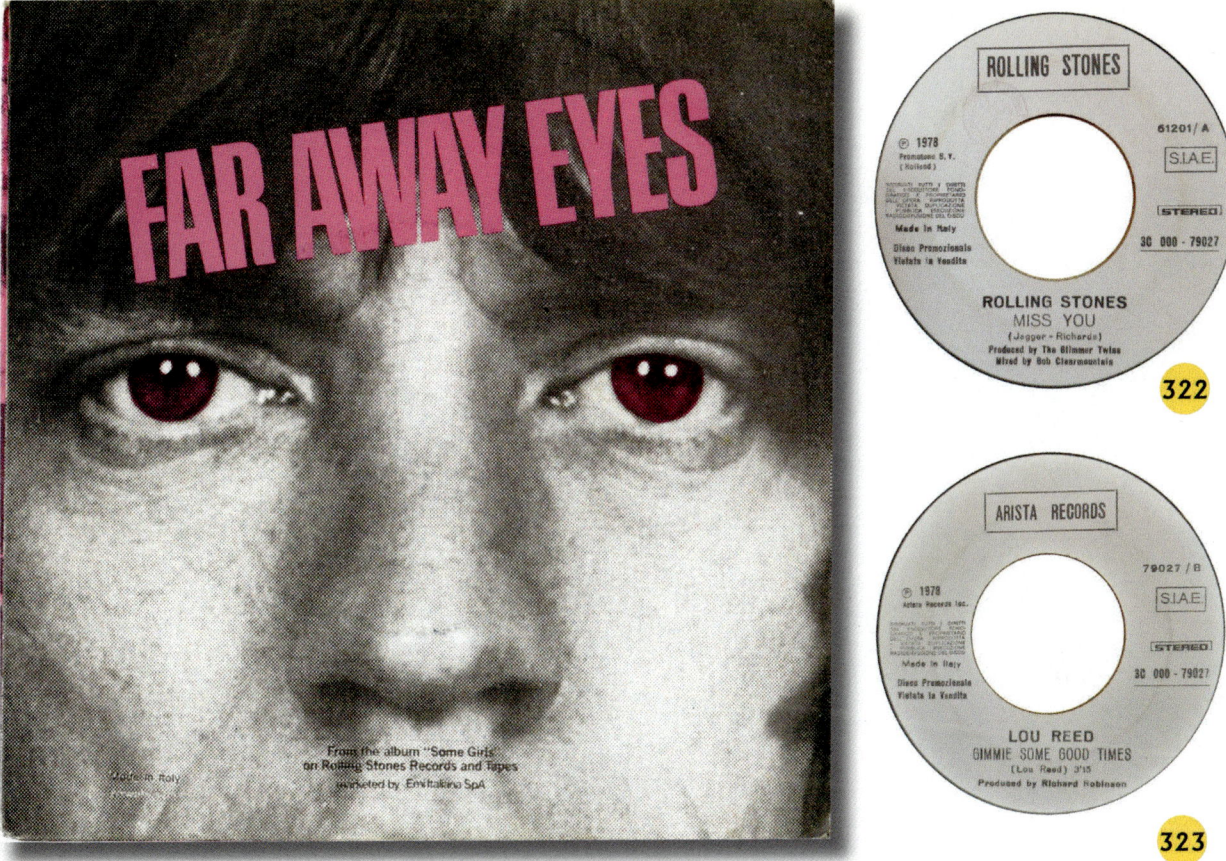

brano quale miglior canzone dell'estate 1978 da parte dei lettori della rivista *Ciao 2001*, presenta in copertina il logo **DISCO ESTATE CIAO 2001 (324)**. Esiste anche una edizione formato disco-mix a 33 giri con una versione estesa di *"Miss you"* **(327, 328, 329)**

113

MISS YOU

1978

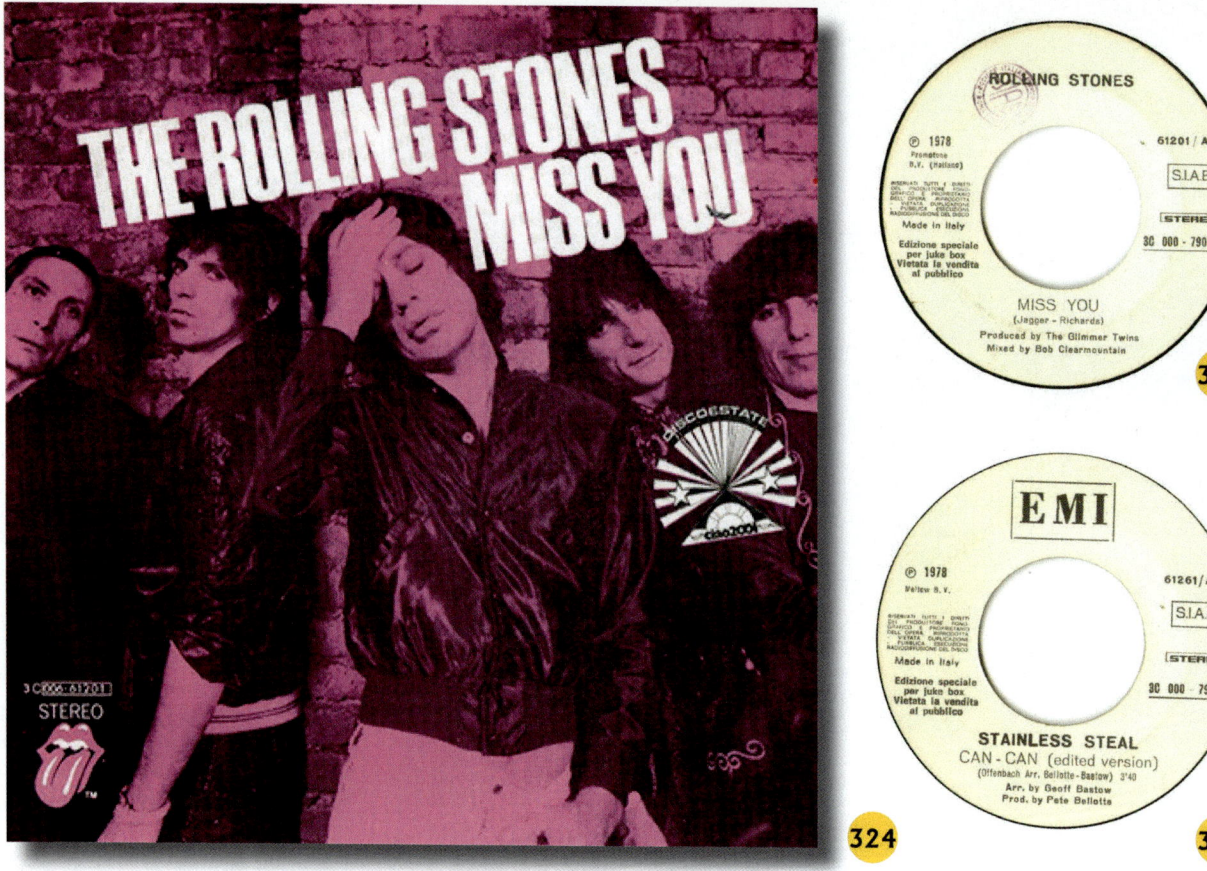

The new musical path of the band with the brand new EMI distribution initiates with **"Miss you/Far away eyes"** selected from the **"Some girls"** album at the beginning of summer 1978. The picture sleeve is similar to all the issues worldwide (except for Hungary) **(318, 319)**, the label is yellow with **"lips and tongue"** logo **(320, 321)**. The juke box edition is in a white label and is backed by **Lou Reed**'s **"Gimmie some good times"** on Arista label **(322, 323)**, then Lou Reed was replaced by **Stainless Steal (325, 326)**.

A particular release of **"Miss you"** hit the market after the song got voted the best song of summer 1978 by **'Ciao 2001'** magazine readers: this issue has a **"Ciao 2001 Disco Estate"** logo on front sleeve **(324)**. An extended version of **"Miss you"** was released on a 12" single **(327, 328, 329)**.

1978

MISS YOU

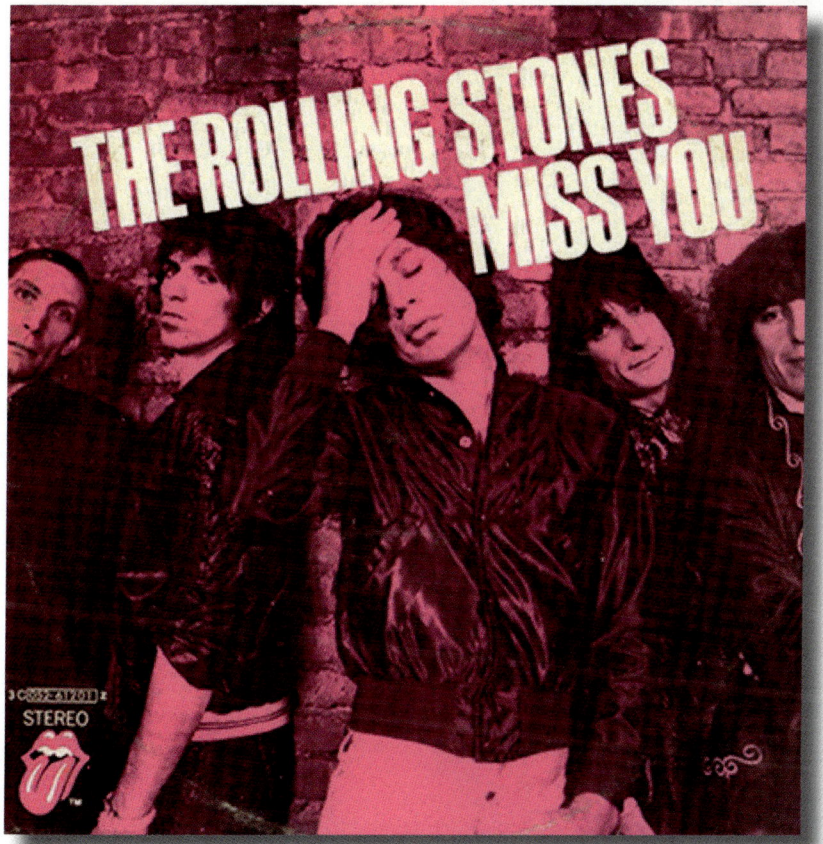

327

328

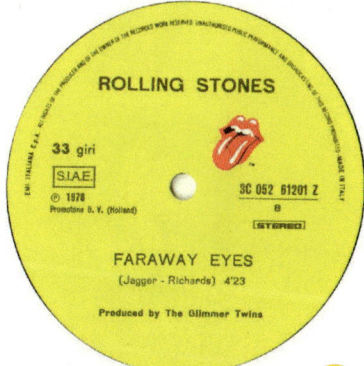

329

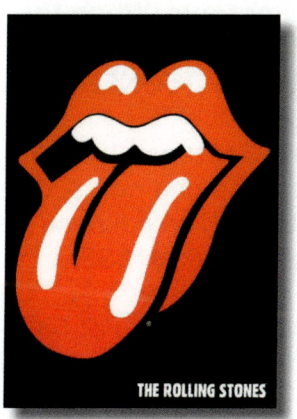

Cartolina promozionale EMI, 1978
Promotional EMI postcard, 1978

1978

RESPECTABLE

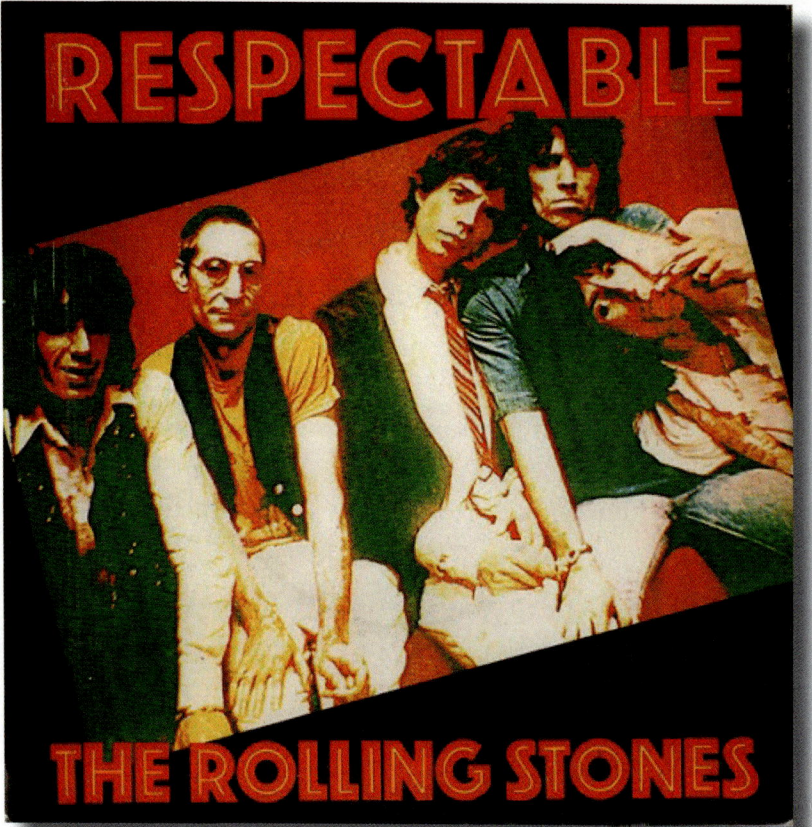

332

330   333

Respectable/When the whip comes down
79O39-A 5-10-78 I; 61720-B 18-10-78 I
ROLLING STONES RECORDS 3C 006-61720

A inizio autunno 1978 viene pubblicato un secondo singolo dall'album *"Some girls"* con una copertina che non si diversifica dalle altre edizioni mondiali *(330, 331)*, l'etichetta è gialla *(332, 333)* e l'edizione per juke box in etichetta bianca è abbinata a *"Copacabana"* di **Barry Manilow** *(334, 335)*.

At the beginning of fall 1978 a second single from ***"Some girls"*** *is released with the same sleeve as most worldwide editions (330, 331); the label is yellow (332, 333) and the juke*

1978

331

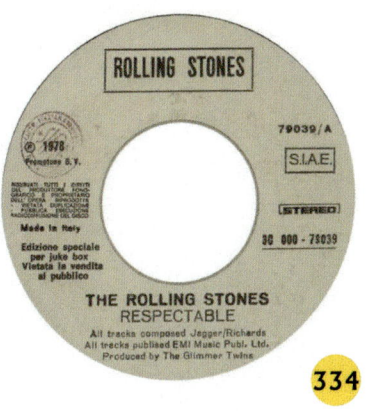

334

335

RESPECTABLE

box issue in a white label is paired with **Barry Manilow's "Copacabana" (334, 335)**.

Cartolina promozionale EMI, 1978
Promotional EMI postcard, 1978

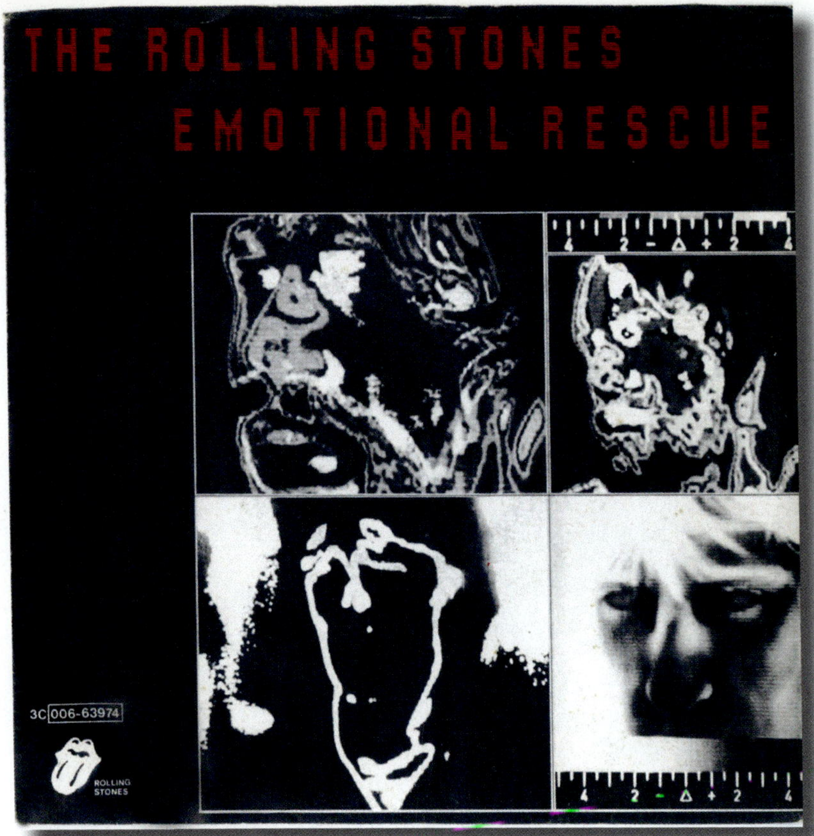

1980

EMOTIONAL RESCUE

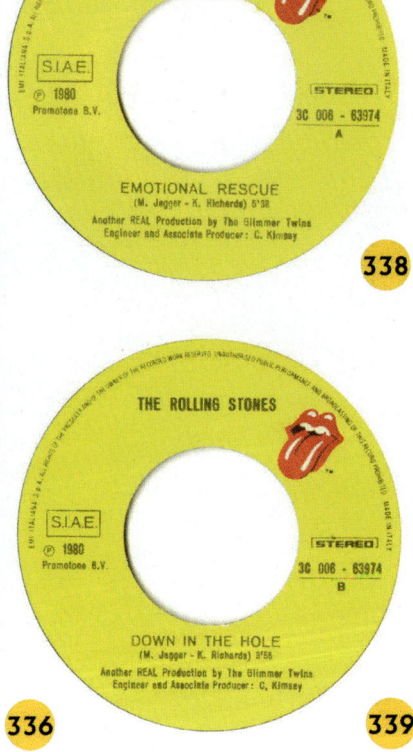

Emotional rescue/Down in the hole
63974-A; 63974-B
ROLLING STONES RECORDS 3C 006-63974 (13/6/1980)

I Rolling Stones affrontano gli anni '80 con un nuovo album *"Emotional rescue"* da cui viene tratto il singolo contenente la title track abbinata a *"Down in the hole"*. La copertina dell'edizione italiana è unica e riprende parte degli scatti in termografia presenti sulla copertina dell'album e nel poster ad esso allegato *(336, 337)*. L'etichetta è gialla *(338, 339)* mentre è bianca quella dell'edizione per juke box che riporta sul retro *"Down in the hole" (340, 341)* oppure *"Dance" (342, 343)*. Alcune etichette sono state erroneamente stampate con la lingua totalmente bianca *(344)*.

1980

EMOTIONAL RESCUE

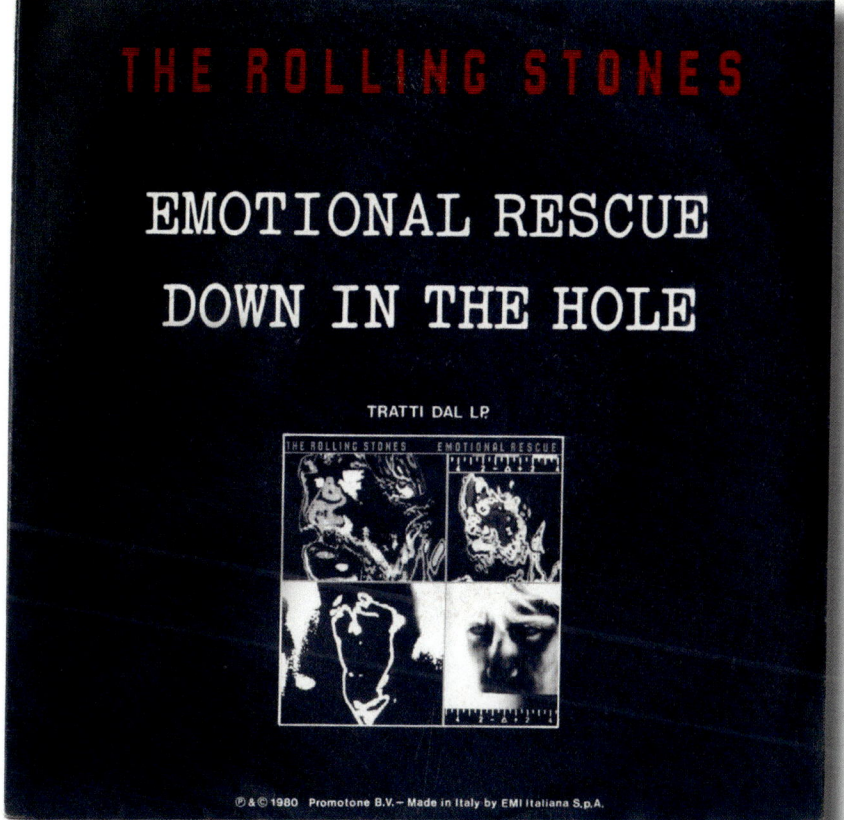

337

340

341

342 **343** **344**

The Rolling Stones face the 80s with a brand new album *"Emotional rescue"* from which a single including the title track paired with *"Down in the hole"* is taken. The sleeve of the Italian release is unique and depicts part of the thermography shots present on the album sleeve and on the poster therein **(336, 337)**. The label is yellow **(338, 339)** and the juke box issue in a white label is backed either by *"Down in the hole"* **(340, 341)** or *"Dance"* **(342, 343)**. Some labels were mispressed with the logo *"tongue & lips"* totally white **(344)**.

1980

SHE'S SO COLD

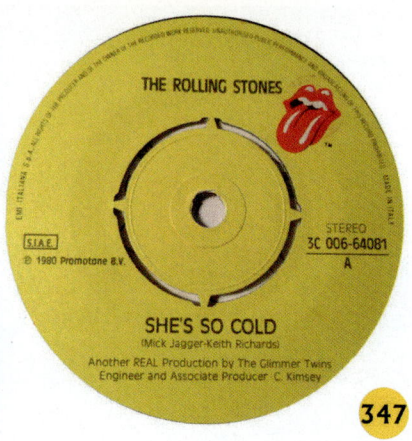

**She's so cold/Send it to me
64081 A; 64081 B 22.10.80
ROLLING STONES RECORDS 3C 006-64081 (1980)**

Il secondo singolo tratto dall'album *"Emotional rescue"* è pubblicato in una non esaltante copertina grigia con la lingua frastagliata *(345, 346)*. L'etichetta è gialla con foro piccolo *(347, 348)*, non si conosce un'edizione per juke box.

the second single from the album *"Emotional rescue"* was released with a not particularly exciting light grey cover picturing the *"lips and tongue"* logo *(345, 346)*. The label is yellow with push out center *(347, 348)*, a juke box edition is unknown.

1980

SHE'S SO COLD

346

348

Pubblicità di "Emotional rescue" e "She's so cold", EMI 1980
Advertisement for "Emotional rescue" and "She's so cold", EMI 1980

1981

Start me up/No use in crying
64545-A; 64545-B
ROLLING STONES RECORDS 3C 006-64545 (1981)

Dall'album *"Tattoo you"* viene estratto il singolo *"Start me up/No use in crying"* con la stessa copertina utilizzata per le principali edizioni europee ed americane *(349)* con piccole differenze sul retro dovute alla presenza o meno del marchio *"ES" (EMI Service) (350, 351)*. L'etichetta è gialla con logo *"labbra e lingua" (352, 353)* esiste una versione del vinile con foro centrale piccolo *(354)*. L'edizione per juke box in etichetta bianca è abbinata a *"Kids in America"* di *Kim Wilde (355, 356)*.

1981

START ME UP

350

351

354   355   356

Coming from the album *"Tattoo you"* the single *"Start me up/No use in crying"* was released in Italy with the same sleeve as most European and American countries *(349)*. The presence on the back sleeve of the *"ES"* logo distinguishes successive issues, *(350, 351)* as does the version with push-out center labels *(352, 353, 354)*. The juke box version, in white label is backed by Kim Wilde's "Kids in America" *(355, 356)*.

123

1981

GOING TO A GO GO

Going to a go-go (live)/Beast of burden (live)
64820-A; 64820-B
ROLLING STONES RECORDS 3C 006-64820 (3.6.82)

Il celebre artwork di Kazuhide Yamazaki illustra la copertina del singolo tratto dall'album live *"Still life" (357, 358)*, analogamente alle altre edizioni realizzate in Europa (tranne in Portogallo) e nel resto del mondo. Il retro copertina della seconda edizione non ha più il marchio EMI ES *(359)*. L'etichetta è gialla con logo rosso *(360, 361)*. Non esiste un'edizione per circuito dei juke-box, ma *"Going to a go-go"* è il lato b di *"Let's spend the night together"* in un'edizione promozionale inserita in un cofanetto di 4 singoli (vedi pag.129).

1981

358

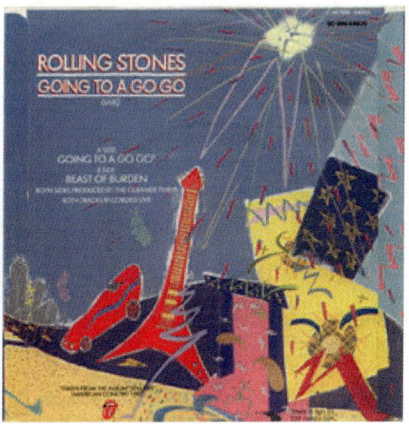
359

GOING TO A GO GO

The famous Kazuhide Yamazaki artwork is the sleeve of the single coming from the live album **"Still life" (357, 358)**. The sleeve of the second issue is missing the EMI ES mark on the back **(359)**. The label is, as usual, yellow with red "Lips and tongue" logo **(360, 361)**. A juke box edition was not released, but **"Going to a go-go"** was published as b-side of **"Let's spend the night together"** in a promotional box set issued before the European tour of 1982 (see pag.129)

1982

BOX SET TOUR 1982

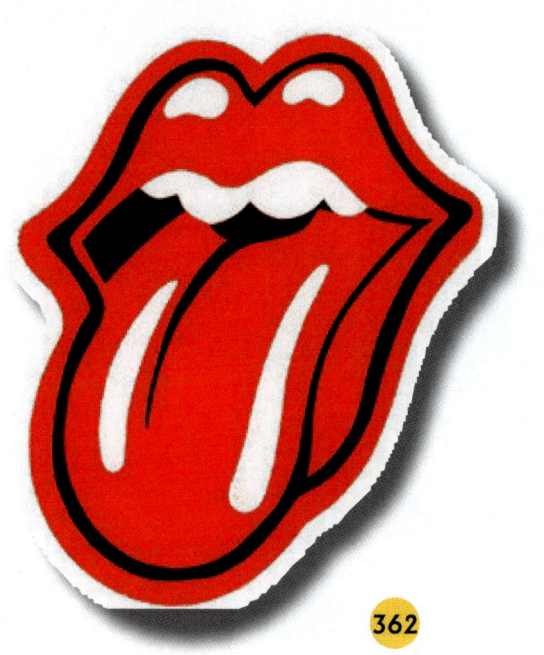

362

Let's spend the night together (live)/Going to a go-go (live)
EMI 3C 000-79212
79212-A 21/6/82; 64820 A-3/6/82

Miss you/Waitin' on a friend
EMI 3C 000-79211
61201-A 29/5/78; 79211-B 21/6/82

Satisfaction/Con le mie lacrime
DECCA FJB-300
XDR-35801; XDRI-34777 16.3.66

Lady Jane/19th Nervous breakdown
DECCA FJB-301
XDRF-37897;

In coincidenza con il tour europeo del 1982 e in previsione dei due concerti programmati a Torino in Italia, vengono realizzati 4 dischi in edizione per juke box con relative etichette per il display. I dischi su etichetta DECCA sono contenuti in copertine standard bianche *(363, 364, 365, 366)*, quelli su etichetta ROLLING STONES RECORDS in copertine standard con 9 loghi *"labbra e lingua"* e bordo rosso *(367, 368, 369, 370)*. Tutti I dischi hanno avuto una regolare distribuzione per il circuito dei juke-box. Una iniziativa dei fans italiani ha radunato in un cofanetto in cartoncino nero, i dischi, il libretto promozionale dei concerti *(372-383)* e lo sticker a forma di lingua *(362)*, in una tiratura limitata (50 copie) *(371)*.

1982

BOX SET TOUR 1982

363

364

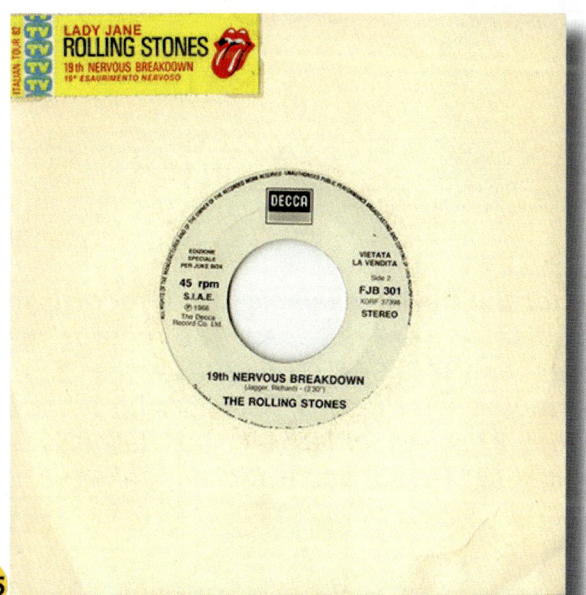

365

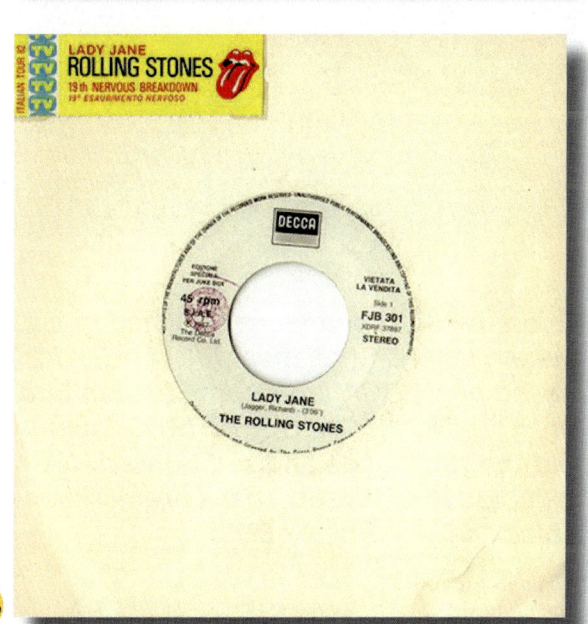

366

BOX SET TOUR 1982

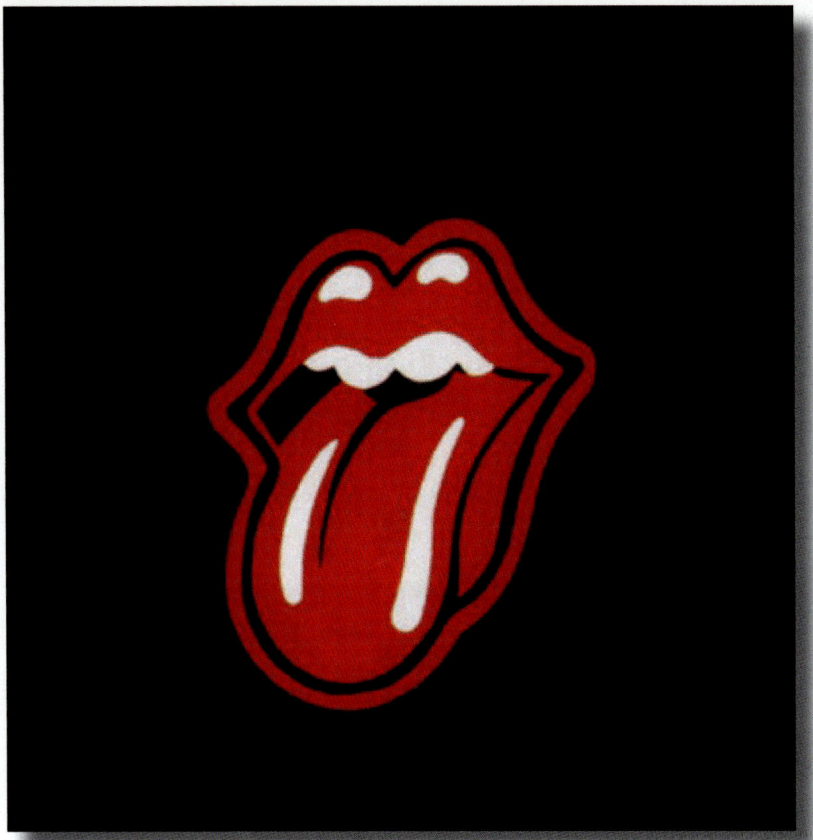

(371)

*Before the European tour 1982 and in preparation for the three Italian gigs, four records in a white label and relative title stripes for juke box display were released. The records released on DECCA label came in standard blank sleeves **(363, 364, 365, 366)** while those on ROLLING STONES RECORDS label were distributed in standard sleeves with 9 **"lips and tongue"** logos and red borders **(367, 368, 369, 370)**. An initiative of the Italian fans collected the four records, a promotional tour booklet **(372-383)** and a sticker packaged in a black cardboard box **(371)**.*

1982

BOX SET TOUR 1982

367

368

369

370

BOX SET TOUR 1982

1982

372

 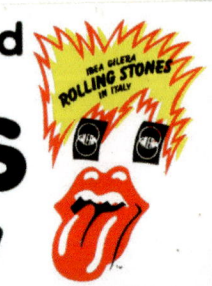

Adesivo promozionale per il concerto di Torino, Luglio 1982
Promotional sticker for the Turin gig, July 1982

1982

BOX SET TOUR 1982

373

Rolling Stones in Italia
informazioni

I Rolling Stones vogliono che il loro concerto sia veramente il più grande spettacolo del mondo e perché questo si realizzi è principalmente necessaria la più assoluta sicurezza, comfort e tranquillità per il pubblico.
A questo fine si rendono necessarie un certo numero di avvertenze da rispettare:
– Già quattro ore prima del concerto sarà possibile entrare allo stadio e suggeriamo di arrivare almeno un'ora prima.
– Tutti gli spettatori dovranno essere perquisiti all'ingresso e questo verrà svolto da uomini e donne con il massimo rispetto e secondo le norme prestabilite.
– Si ricorda, come già indicato sul retro del biglietto, che non sarà consentito introdurre nello stadio: bottiglie, lattine, alcolici, ombrelli, coltelli e ogni altro oggetto pericoloso.
– Non è consentito usare e quindi portare dentro allo stadio cineprese ed apparecchi per registrazioni audio e video che verranno eventualmente tenuti in custodia all'ingresso, per tutta la durata del concerto. Non ci si assume la responsabilità per gli oggetti lasciati un'ora dopo la fine dello spettacolo.
– Il campeggio sarà consentito nelle sole aree previste indicate nelle pagine seguenti.
– I biglietti di ingresso saranno in vendita esclusivamente presso i punti di prevendita autorizzati indicati sui manifesti, quotidiani e da Radioflash 97.7. Si ricorda che chiunque tenti l'ingresso con biglietti falsificati sarà perseguito a norma di legge.
– Il concerto si svolgerà indipendentemente dalle condizioni del tempo ad esclusiva discrezione del promoter.
– Per eventuali necessità saranno presenti: medici ed infermieri, ambulanze agli ingressi, una tenda da campo per pronto soccorso sul prato, e l'infermeria dello stadio. Tutti i servizi di assistenza sanitaria sono allestiti a cura dell'Unità Sanitaria Locale 1/23 e dell'Assessorato alla Sanità della Regione Piemonte.
– Saranno installati all'interno dello stadio numerosi rubinetti per acqua potabile e docce.
– Si precisa che la gestione dei bar interno allo stadio è assolutamente estranea alla società organizzatrice dei concerti, che non si assume pertanto responsabilità sui costi e la qualità dei prodotti messi in vendita.
– Un'insistente richiesta che i Rolling Stones rivolgono al pubblico riguarda la pulizia in cui mantenere lo stadio e le zone circostanti della città. A questo scopo verranno distribuiti, prima dell'ingresso, sacchetti in plastica di colore arancio per il contenimento di rifiuti e cartacce. Questi dovranno poi essere gettati nei contenitori appositamente disposti allo stadio e nelle immediate vicinanze.
Ti ringraziamo per la tua collaborazione.

**Musica é arte. Pulizia é civiltà.
Non gettare i rifiuti per terra!**

AMRR
AZIENDA MUNICIPALE
RACCOLTA RIFIUTI
TORINO

374

the Rolling Stones

Le note trasmesse dai potenti amplificatori di «Take The A Train» si dissolvono ingoiate dal primo giro di chitarra di «Under My Thumb». Le luci si spengono mentre uno spot luminoso si staglia sul fondo del palco con il suo raggio che fende il buio. Il sogno ha inizio. Mick Jagger, labbroni umidi e sporgenti, pantaloni attillatissimi bianchi e blusa variopinta, apre la performance di suoni e colori, libera in ognuno di noi l'immaginazione al sogno proibito. Lo fa da quasi vent'anni: sfidando le leggi del tempo, regalandosi al suo pubblico con la furia narcisistica del grande artista, con la misura e l'autoironia di chi sa giocare con il suo stesso ruolo di istrione da palcoscenico. Oggi, sulla soglia dei 40, Mick, quello che la critica definì il demonio delle nuove generazioni, è ancora il sul palco a dosare l'importanza del suo mito. In un mondo regolato dalle leggi più rigorose dello show-business, Jagger sa vendere la propria immagine con l'intelligente strategia dell'uomo d'affari, con la logica di chi non lascia nulla al caso. Dagli Anni '60 agli '80 i Rolling Stones, una volta l'immagine rivoltosa di un modello giovanile in continuo fermento, oggi la più perfetta macchina musicale al mondo, si identificano in questo ventriloquo da music-hall, in questo «irriverente Charlot» che, come nessun altro, sa tenere il palco di una band di rock and roll. Mostro dai mille lustrini si pavoneggia e si ridicolizza per sua stessa natura, Jagger guida la fantasia di ognuno di noi alla realizzazione materiale dei nostri sogni. La sua colonna sonora spazia da Ellington all'ultimo Jimy Hendrix. In mezzo la sua band che parte dalla tradizione del rhythm and blues fino alla definizione di una musica senza tempo, seguendo tracce istintive e voluttuose di suono. È il viaggio attraverso l'uomo di oggi, la sua vita, le sue aspirazioni, i suoi umani desideri: che in loro si realizzano.

Fabio Santini

375

376

131

BOX SET TOUR 1982 — 1982

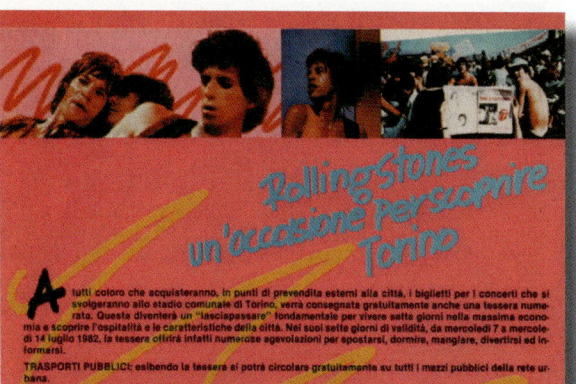

Rolling Stones un'occasione per scoprire Torino

A tutti coloro che acquisteranno, in punti di prevendita esterni alla città, i biglietti per i concerti che si svolgeranno allo stadio comunale di Torino, verrà consegnata gratuitamente anche una tessera numerata. Questa divertente "lasciapassare" fondamentale per vivere sette giorni nella massima economia e scoprire l'ospitalità e le caratteristiche della città. Nei suoi sette giorni di validità, da mercoledì 7 a mercoledì 14 luglio 1982, la tessera offrirà infatti numerose agevolazioni per spostarsi, dormire, mangiare, divertirsi ed informarsi.

TRASPORTI PUBBLICI: esibendo la tessera si potrà circolare gratuitamente su tutti i mezzi pubblici della rete urbana.

CAMPEGGI: si potrà accedere gratuitamente a quattro grandi campeggi ricavati all'interno di impianti sportivi:
— Campi Carrara nel parco della Pellerina tel. 75.18.44
— campi Robaldo str. Castello Mirafiori 265 tel. 606.58.79
— parco Colletta via Carcano 277 tel. 205.00.06
— campi Trecate via Vasile Alessandri 31 tel. 79.36.01
Ogni campeggio sarà custodito e dotato di servizi igienici, docce, bar e di una mensa a 2.500 lire.

ALBERGHI: indichiamo, divisi per categorie, gli alberghi che praticano prezzi ridotti.
4ª CAT. 7.000 lire per persona in doppia senza bagno
Ariston 54.39.95, Canaletto 83.24.34, Centauro 54.66.85, La Primula 53.51.02, Poncini 79.03.57, Porto di Genova 54.55.70, Sant'Anna 54.55.61, Savola 54.14.83, Verdi 83.19.21.
3ª CAT. 9.000 lire per persona in doppia senza bagno
14.000 lire per persona in doppia con bagno
Bologna 51.01.91, Aba 640.82.46, Campo di Marte 54.53.61, Crimea 650.52.21, Dogana Vecchia 51.19.83, Due Mondi 65.93.83, Eden 65.95.45, Italia 54.74.22, La Bussola 34.35.40, Piemontese 65.11.01, Poker 606.83.82, Ponte Sassi 69.78.68, Smeraldo 63.45.77, S. Silvestro 51.27.22.

2ª CAT. 13.000 lire per persona in doppia senza bagno
19.000 per persona in doppia con bagno
Alexandra 85.93.27, Astoria 51.36.53, Bramante 69.79.97, Eurhotel 62.18.43, Genio 650.57.71, Gran Mogol 54.02.87, Imperia 54.44.19, La Darsena 84.24.48, Luxor 53.15.26, Giotto 63.71.72, Plaza 63.34.24, President 85.95.55, Rex 51.72.02, Roma 51.81.37, Venezia 51.33.84, Victoria 55.17.10.

IMPIANTI SPORTIVI: la tessera consente l'ingresso gratuito nelle piscine:
Stadio, c.so Galileo Ferraris 284
Colletta, via Carcano 277
Trecate, via V. Alessandri 31
Pellerina, parco della Pellerina
Sempione, via Gottardo 10
Gaidano, via Gaidano 183/25.
Nel Palazzo a Vela di Italia 61 è possibile praticare gratuitamente: atletica, alpinismo, pallavolo, pallacanestro, pattinaggio a rotelle, ping pong, tennis, judo. All'imbarcadero di corso Moncalieri 18 è possibile noleggiare liberamente barche e remi con cui percorrere il corso del Po.

MUSEI E MOSTRE: Torino possiede numerosi musei, tra cui alcuni unici in Italia. È possibile entrare gratuitamente nei seguenti: Museo dell'Automobile - corso Unità d'Italia 40, Museo della Montagna - Monte dei Cappuccini, Museo del Risorgimento - via Accademia delle Scienze 5, Museo del Cinema - piazza S. Giovanni 2, Museo della Marionetta - via S. Teresa 5, Museo dell'Artiglieria - corso Galileo Ferraris.
Si consigliano inoltre: l'Armeria Reale - piazza Castello 191, Palazzo Reale - piazza Castello, Museo Egizio - via Accademia delle Scienze 6, Galleria Sabauda - via Accademia delle Scienze 6.
Ingresso gratuito anche alla Mole Antonelliana dove è in corso «Visibile invisibile» mostra, proiezioni, tapes ed esperienze scientifiche e alla mostra «Giovani artisti» a Torino in via Garibaldi 25.

SPETTACOLI: Sono in corso a Torino nel mese di luglio i «Punti verdi» - Spettacoli nei parchi. Con la tessera dei Rolling Stones è possibile entrare pagando lire 1.000 anziché 2.000. Sarà possibile vedere:
Martedì 6, mercoledì 7 - Parco Sempione
LA MAN VEUIDE, Cooperativa Progetto Cantoregi, spettacolo dialettale piemontese, partecipanti 180 cittadini di Carignano
Venerdì 9 luglio - Parco Pellerina
Concerto jazz con GERRY MULLIGAN BIG BAND
Sabato 10 luglio - Parco Pellerina
GIANNI MORANDI in concerto
Domenica 11 luglio - Parco Regionale La Mandria
CIRCO ESTATE di DARIX TOGNI
Domenica 11, martedì 13 - Parco Sempione
CIRCO ESTATE di DARIX TOGNI
Lunedì 12 - Moncalieri
Spettacolo teatrale
CAFFÈ CONCERTO Compagnia Nuova Scena

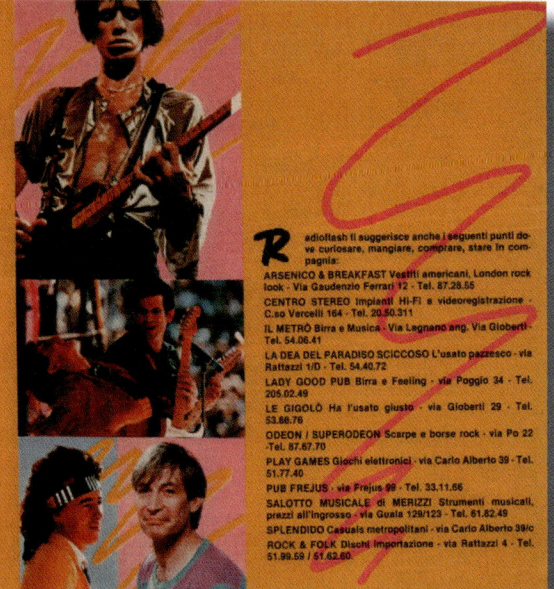

R adioflash ti suggerisce anche i seguenti punti dove curiosare, mangiare, comprare, stare in compagnia:
ARSENICO & BREAKFAST Vestiti americani, London rock look - Via Gaudenzio Ferrari 12 - Tel. 87.28.55
CENTRO STEREO Impianti Hi-Fi e videoregistrazione - C.so Vercelli 164 - Tel. 20.50.31
IL METRÒ Birra e Musica - Via Legnano ang. Via Gioberti - Tel. 54.06.41
LA DEA DEL PARADISO SCICCOSO L'usato pazzesco - via Rattazzi 1/D - Tel. 54.40.72
LADY GOOD PUB Birra e Feeling - via Poggio 34 - Tel. 205.02.49
LE GIGOLÒ Ha l'usato giusto - via Gioberti 29 - Tel. 53.80.76
ODEON / SUPERODEON Scarpe e borse rock - via Po 22 - Tel. 87.67.70
PLAY GAMES Giochi elettronici - via Carlo Alberto 39 - Tel. 51.77.40
PUB FREJUS - via Frejus 98 - Tel. 33.11.66
SALOTTO MUSICALE di MERIZZI Strumenti musicali, prezzi all'ingrosso - via Guala 129/123 - Tel. 61.82.49
SPLENDIDO Casuals metropolitani - via Carlo Alberto 39/c
ROCK & FOLK Dischi importazione - via Rattazzi 4 - Tel. 51.99.59 / 51.62.60.

1982

BOX SET TOUR 1982

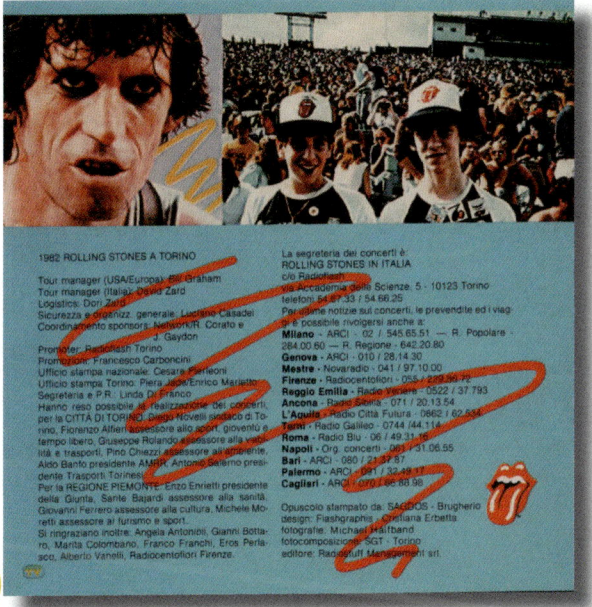
81

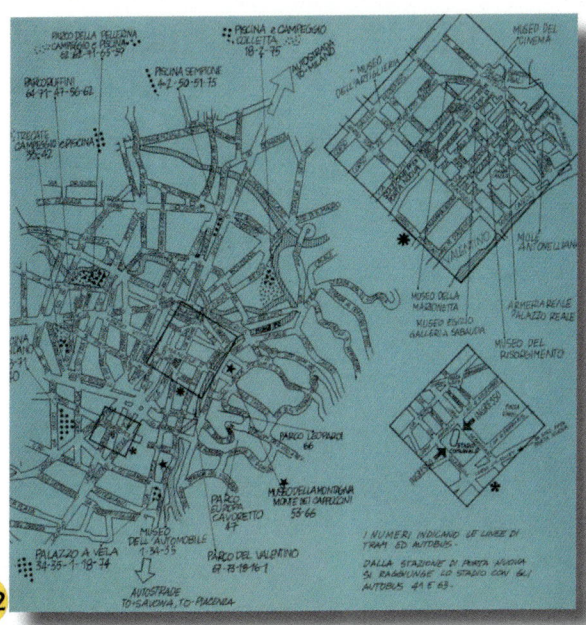
382

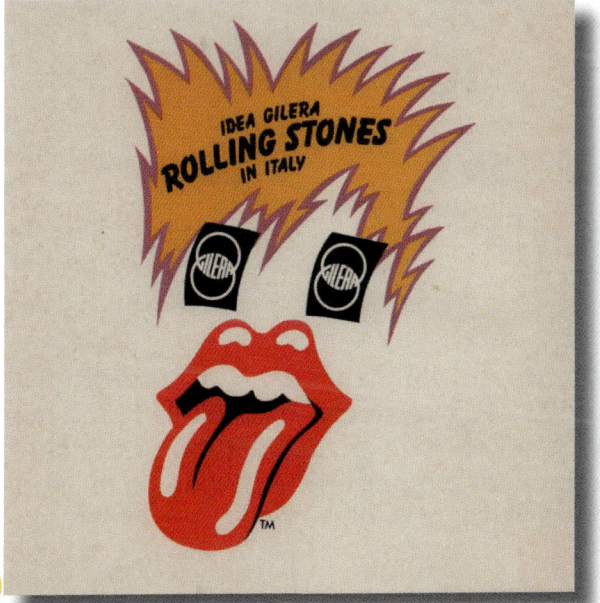
83

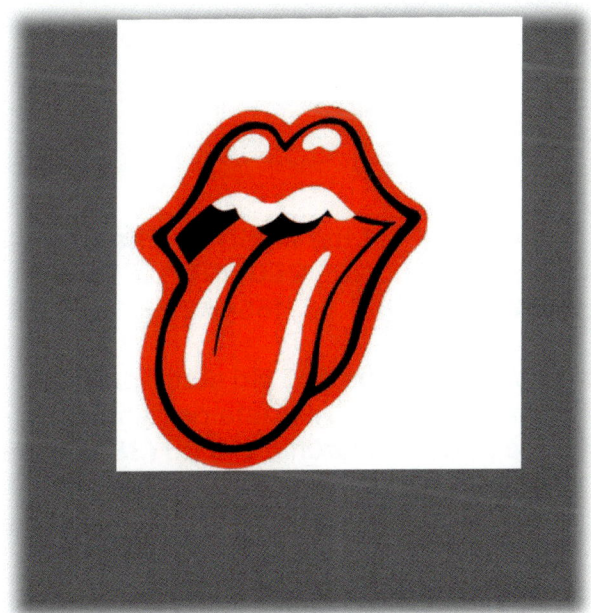

UNDERCOVER OF THE NIGHT

1983

Undercover (of the night)/All the way down
ROLLING STONES RECORDS 1654427
1654427 A-18.10.83; 1654427 B-18.10.83

L'ultima incisione a 45 giri stampata in Italia è estratta dall'album omonimo, realizzata con la stessa copertina utilizzata per il mercato europeo *(384)*. Il retro copertina della prima edizione riporta il marchio EMI ES *(385)*, assente nelle successive emissioni *(386)*. L'etichetta è gialla con logo rosso *(387, 388)*, alcune copie presentano per errore di stampa la lingua interamente bianca *(389)*. Non è nota l'esistenza di versioni per juke box.

1983

UNDERCOVER OF THE NIGHT

The last single printed in Italy comes from the **"Undercover"** album and it is presented in the same sleeve as the other European editions **(384)**. The sleeve of the first issue has on the back the EMI ES mark **(385)** that is missing in the reissues **(386)**. The label is yellow with red **"lips and tongue"** logo **(387, 388)**. Some copies show a misprint with a white tongue **(389)**. No juke box issue is known to exist.

1985 - 1997

JUKE BOX ISSUES AFTER 1985

390

391

392

393

394

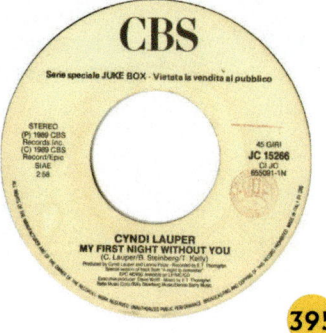
395

Harlem shuffle/Stay with me (Eight wonder)
CBS JC 15167 (1986)

One hit (To the body)/The edge of heaven (Wham)
CBS/EPIC JC 15180 (1986)

Mixed emotions/My first night without you (Cindy Lauper)
CBS JC 15266 (1989)

Highwire/Get ready (Roachford)
COLUMBIA JC 15292 CI 656756 1N; CI 656705 2N (1991)

Love is strong/Inside (Stiltskin)
VIRGIN JBV 361 (1994)

Anybody seen my baby ?/Midnight (Simone Jay)
VIRGIN JBV 379 (1997)

1985 - 1997

A partire dalla metà degli anni '80 il vinile in Italia non viene quasi più stampato, le diverse edizioni **(390-401)** giungono nei negozi italiani come copie importate stampate in Olanda o più genericamente stampate in Europa. Solamente alcune edizioni per juke box riportano ancora la dicitura **"Made in Italy"**, tutti in etichetta bianca e con altro artista sul lato b.

*Since the mid of the eighties vinyl has hardly been printed in Italy, the various editions **(390-401)** have reached Italian stores as imported copies printed in Holland or more generically printed in Europe. Only a few editions for juke boxes still show the wording **"Made in Italy"**, all in white label with a different artist on b side.*

1974

Everybody's talkin' (Fred Neil)/Yellow river (Christie)
LE CANZONI PIU' BELLE-Fratelli Fabbri Editori – N.79 – (1974)

Questo disco è parte di una collana editoriale realizzata da Fratelli Fabbri nel 1974 e intitolata *"Le canzoni più belle"*. Il numero 79 contiene due celebri brani *"Everybody's talkin'"* di **Fred Neil** e *"Yellow river"* di **Christie**, curiosamente presentati in una copertina con un'immagine dei Rolling Stones dei primi anni '70 **(402, 403, 404)**.

This record is part of a series published in 1974 by Fratelli Fabbri entitled "Le canzoni più belle". The n.79 contains **"Everybody's talkin'"** by **Fred Neil** and **"Yellow river"** by **Christie** oddly presented in a sleeve with a picture of The Rolling Stones in early 70s **(402, 403, 404)**.

2015

**Under my thumb/Route 66
DECCA F-12564
XDR-41128; XDR-41129**

Questo singolo, pubblicato in una copertina standard DECCA **(405, 406)** è un bootleg realizzato inspiegabilmente nel Regno Unito intorno al 2015. Il numero di catalogo corrisponde in realtà a *"Edelweiss/Where we belong"* di **Jimmy Wilson** del 1967 **(407)**, mai pubblicato in Italia.

*This single, published in a standard DECCA company sleeve **(405, 406)** is a bootleg inexplicably relased in UK around 2015. The catalogue number coincides with the catalogue number of **Jimmy Wilson's "Edelweiss/Where we belong"** issued in UK in 1967 **(407)** but never published in Italy.*

1967

CURIOSITA' - ODDS AND ENDS

(408)

**DISCO DIMOSTRATIVO MESSAGGERIE MUSICALI PROPAGANDA
DSM-4 (1967)**

Edizione promozionale per la catena commerciale della distribuzione Messaggerie Musicali contenente brani di **Michael ("Amale e lasciale")**, **Profeti ("Rubacuori")**, **Rolling Stones ("Let's spend the night together")**, **Caterina Caselli ("Le biciclette bianche)**", "**Sono bugiarda**" e "**Incubo n.4**") e **Wilson Pickett ("Mustang Sally") (408)**.

Promotional record issued for the commercial network of the distributor Messaggerie Musicali, containing excerpts from the songs of **Michael ("Amale e lasciale")**, **Profeti ("Rubacuori")**, **Rolling Stones ("Let's spend the night together")**, **Caterina Caselli ("Le biciclette bianche"**, "**Sono bugiarda**" and "**Incubo n.4**") and **Wilson Pickett ("Mustang Sally") (408)**.

1970

PROMOZIONE EDITORIALE REGENT N.13

Si tratta di un disco promozionale destinato a orchestre e scuole di musica contenente frammenti dei brani *"Memphis Tennessee"* di Tom Jones, *"Talkin' about you"* dei **Rolling Stones**, *"School days"* e *"No particular place to go"* di **Chuck Berry**, *"Maybelline"* e *"Seventh son"* di **Johnny Rivers**, *"Keep on dancing"'* dei **Gentrys**, *"Rock'n'roll music"* dei **Beatles** e *"Chiedi chiedi"* dei **Camaleonti**. E' stato distribuito con copertina standard **(409)**.

This is a promotional record intended for music schools and orchestras, containing excerpts of *"Memphis Tennessee"* by **Tom Jones**, *"Talkin' about you"* by **Rolling Stones**, *"School days"* and *"No particular place to go"* by **Chuck Berry**, *"Maybelline"* and *"Seventh son"* by **Johnny Rivers**, *"Keep on dancin'"* by **Gentrys**, *"Rock'n'roll music"* by **Beatles** and *"Chiedi chiedi"* by **Camaleonti**. This issue had no picture sleeve **(409)**.

1970

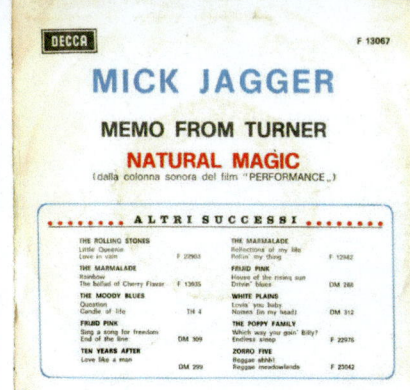

410

411

MICK JAGGER
Memo from Turner/Natural magic
XDR 47868; XDR 47869
DECCA F-13067 (1970)

Dalla colonna sonora del film *"Performance"* che vede Jagger protagonista, viene tratto questo singolo con una copertina che ritrae il volto del cantante in primo piano e un riquadro con un'immagine tratta dal celebre concerto di Hyde Park *(410, 411)*. Il brano sul lato b, *"Natural magic"* è strumentale. L'etichetta è blu scura con lettering argentato e logo DECCA in riquadro, riporta l'indicazione D.R. su entrambi I lati nella prima edizione *(412, 415)* e logo SIAE incluso tra due line nella seconda *(413, 416)*. L'edizione per juke box in etichetta

1970

bianca con lettering nero **(414)** è abbinata a *"I hear you knocking"* di **Dave Edmunds** su etichetta MAM distribuita da DECCA **(417)**.

From the soundtrack of the movie **"Performance"** starring Jagger a single is released with a sleeve portraying a close up shot of the singer and a picture taken from the famous Hyde park concert **(410, 411)**. The track on the rear is instrumental. The label is dark blue with silver lettering and boxed DECCA logo with D.R. marks on the first issue **(412, 415)** and the SIAE brand between two dashes in the second **(413, 416)**. The juke box version has white label and black lettering **(414)** and is backed by **Dave Edmunds'** *"I hear you knockin'"* on MAM records distributed by DECCA **(417)**.

1974

SOLISTI - SOLO RECORDINGS

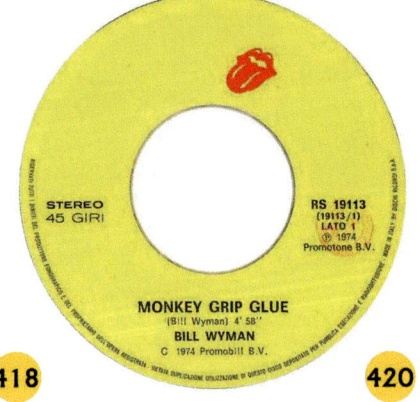

418 419 420

BILL WYMAN
Monkey grip glue/White lightnin'
XRS 19113/1; XRS 19113/2
ROLLING STONES RECORDS RS 19113 (1974)

"Monkey grip glue" è tratto da *"Monkey grip"*, il primo album da solista di Bill Wyman pubblicato nel 1974. La copertina dell'edizione italiana è differente da tutte le altre edizioni **(418)**, l'etichetta è gialla con logo *"labbra e lingua" (419, 420)*. Non esiste edizione per juke box.

Taken from the first solo album **"Monkey grip"** in 1974 the 7" **"Monkey grip glue"** is released in a unique picture sleeve **(418)** with yellow label with **"lips and tongue"** logo **(419, 420)**. No issue for juke box is known to exist.

1982

**(Si si) je suis un rock star/
The heat of the moment
(ASIA) 15065; A-2207
A&M JC-15065;
GEFFEN A-2207 (1982)**

In Italia il singolo di Bill Wyman, tratto dal Lp omonimo del 1981, non ha avuto un'edizione commerciale, a differenza dell'Inghilterra dove il singolo è stato pubblicato con copertina fotografica **(421)**. Le poche copie circolate nel nostro paese sono copie di importazione UK. Stranamente è stata invece stampata l'edizione per juke box su etichetta bianca A&M che riportano sul retro *"The heat of the moment"* degli Asia **(422, 423)**.

In Italy *"Si si, Je suis un rock star"* by Bill Wyman did not have a commercial edition, unlike in England where the single was published with a nice picture sleeve **(421)**. The few copies circulated in Italy are UK import copies. Oddly enough, the juke box edition was printed on the A&M white label backed by Asia's *"The heat of the moment"* **(422, 423)**.

1979

SOLISTI - SOLO RECORDINGS

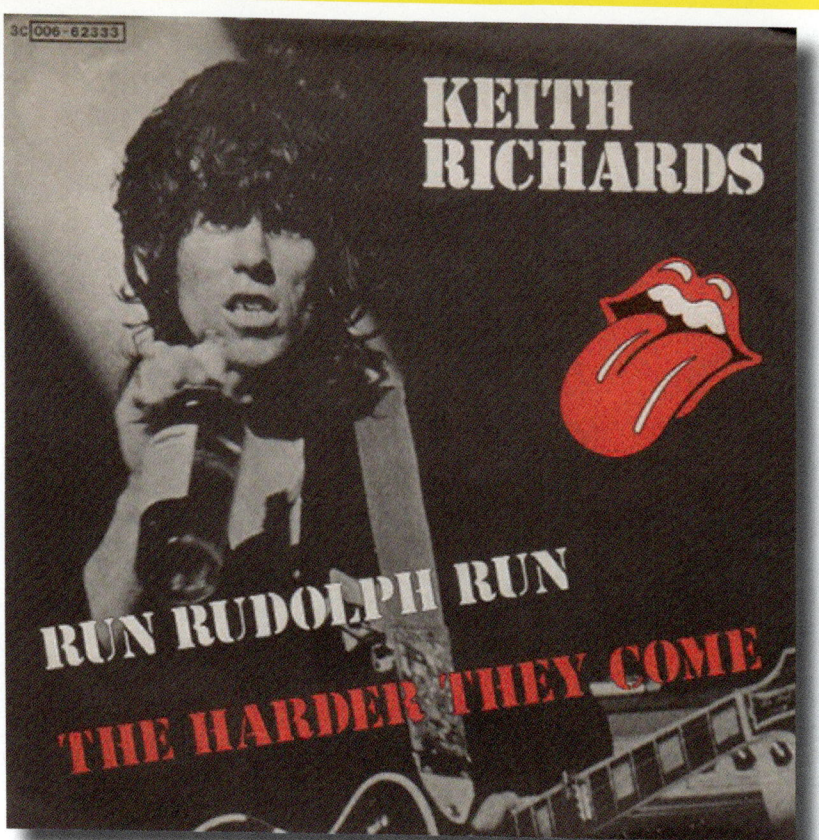

KEITH RICHARDS
Run Rudolph run/The harder they come
62333 A; 62333 B
ROLLING STONES RECORDS 3C 006-62333 (1979)

Alla fine del 1978 Keith Richards registra il brano, *"Run Rudolph, run"* già successo di *Chuck Berry*, immesso sul mercato in USA e Giappone per le festività natalizie e pubblicato in Europa soltanto a inizio 1979 **(424, 425)**. Sul retro la celebre *"The harder they come"* di *Jimmy Cliff* . L'etichetta è gialla con logo *"labbra e lingua" (426, 427)*. Non esiste edizione per juke box.

1979

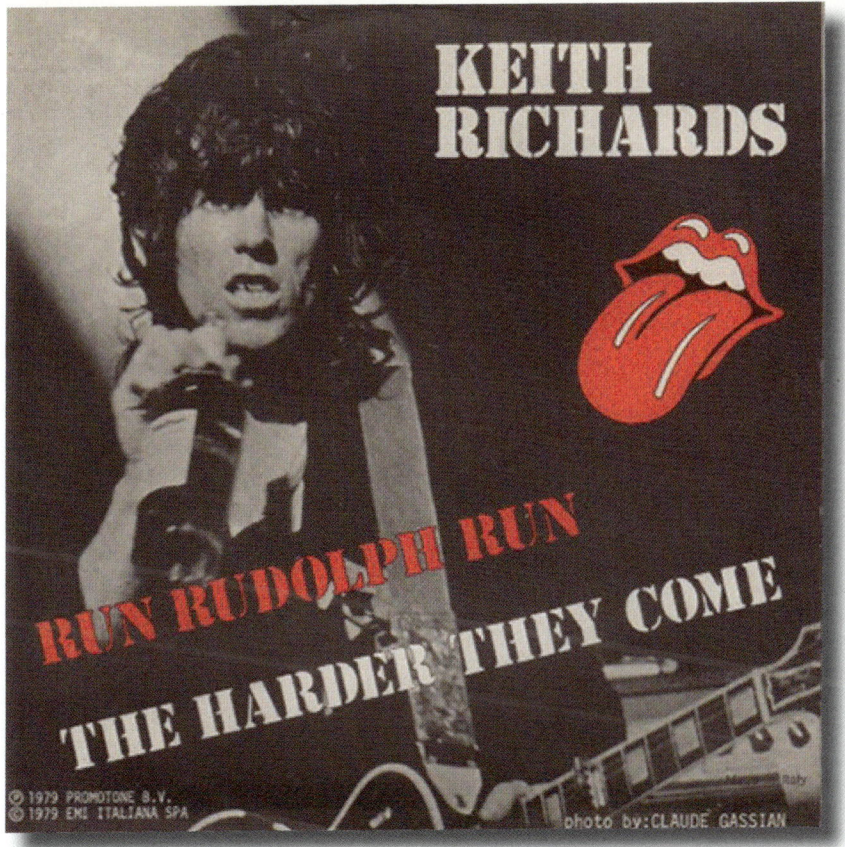

425

427

SOLISTI - SOLO RECORDINGS

At the end of 1978 Keith Richards records the song **"Run Rudolph, run"** most famously performed by **Chuck Berry**, ready to hit the USA and Japanese markets for the Christmas holidays. It was released in Europe only in the beginning of 1979 with on the B-Side a cover of **Jimmy Cliff's "The Harder They Come"** (424, 425). The label is yellow with **"lips and tongue"** logo **(426, 427)**. No juke box version was released.

147

1966

(428)

(430)

CHRIS FARLOWE
Out of time/Baby make it soon
IM 035 1F/T1; IM 035 2F/T1
STATESIDE QSS-1083 (1966)

Nel maggio 1966 **Chris Farlowe**, artista entrato nell'orbita di Andrew Oldham, registra **"Out of time"** a firma Jagger/Richard che i Rolling Stones avevano incluso un mese prima nell'album **"Aftermath" (428, 429)**. Mick Jagger contribuisce alle parti vocali. Curiosamente la base musicale del brano inciso da Farlowe sarà sovraincisa con le voci degli Stones per il singolo **"Out of time"** del 1975 (vedi pag. 104). Il disco è pubblicato in Italia da STATESIDE (su licenza IMMEDIATE) in etichetta nera **(430, 431)**, mentre l'edizione per juke box ha etichetta bianca **(432)**.

1966

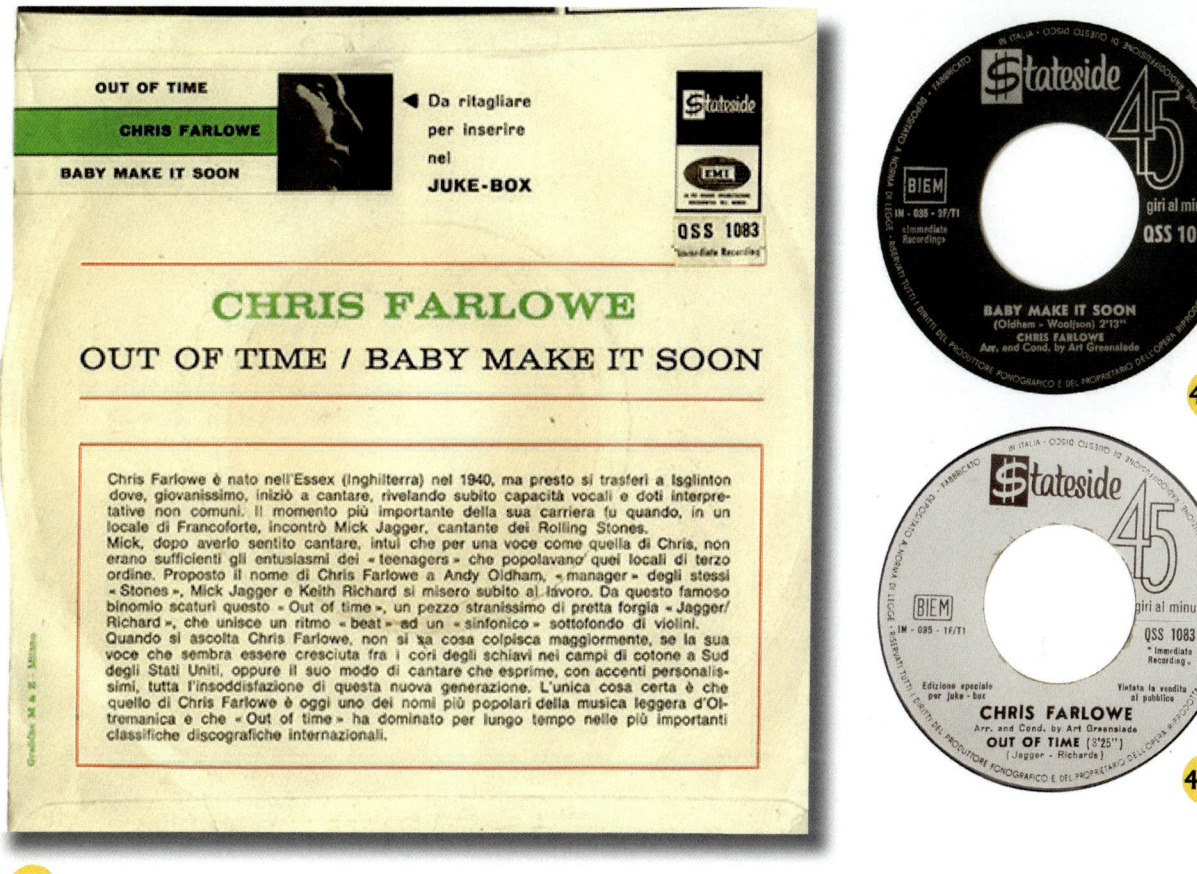

In May 1966, Chris Farlowe, an artist who entered Andrew Oldham's orbit, recorded **"Out of Time"** by Jagger/Richard, a song that the Rolling Stones had included a month earlier on the album **"Aftermath" (428, 429)**. Mick Jagger participated on backing vocals. Curiously, the musical basis of the song recorded by Farlowe will be overdubbed with the Stones' vocals for the 1975 single **"Out of Time"** (see page 105). The record is released in Italy by STATESIDE (under IMMEDIATE license) on black label **(430, 431)**, while the juke box edition has white label **(432)**.

1966

PARTECIPAZIONI - PARTICIPATIONS

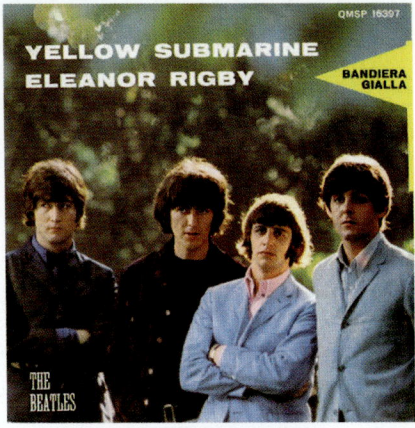

THE BEATLES
Yellow submarine/Eleanor Rigby
7XCE 18395/1; 7XCE 18396/1
PARLOPHONE QMSP-16397 (1966)

Il 45 giri *"Yellow submarine/Eleanor Rigby"* nell'estate del 1966 precedette la pubblicazione dell'album *"Revolver"* e scalò immediatamente le classifiche mondiali. Alla registrazione della canzone avvenuta agli EMI Studios di Londra, ricca di suoni e rumori inusuali come campane, grida, frasi in lingue straniere prende parte tra gli altri Brian Jones nel coro, con tintinnio di bicchieri e, pare, alle percussioni. Il disco è pubblicato con due copertine diverse per la presenza o meno della bandierina gialla **(433,434,435)** simbolo dell'omonima trasmissione radiofonica, in etichetta Parlophone nera **(436)**. L'edizione per juke box in

1966

etichetta bianca è abbinata ad *"Alfie"* di **Cilla Black (437, 438)**.

The single **"Yellow submarine/Eleanor Rigby"** in the summer of 1966 preceded the release of the album **"Revolver"** and immediately climbed the world charts. The recording of the song, full of unusual sounds and noises such as bells, cries, sentences in foreign languages sees, among others, Brian Jones in the back vocals, with clinking of glasses and, it seems, percussion. The album is released with two sleeves differing for the presence of the yellow flag **(433, 434, 435)** symbol of the eponymous radio broadcast, on black Parlophone label **(436)**. The juke box edition on white label is backed with **"Alfie"** by Cilla Black **(437, 438)**.

1967

PARTECIPAZIONI - PARTICIPATIONS

(439) (441) (442)

THE BEATLES
All you need is love/Baby you're a rich man
7XCE 18425 TI; 7XCE 18426 TI
PARLOPHON QMSP-16408 (1967)
La presenza di Jagger e Richards alle riprese di *"Our World"* il primo programma televisivo in diretta planetaria il 25 giugno 1967 via satellite, è fuori dubbio e testimoniata dalle immagini televisive. Resta incerta, invece la partecipazione alla registrazione del singolo presso gli Olympic Studios. La copertina del singolo riprende il gruppo di Liverpool con i cartelli utilizzati per le riprese di *"Our World"(439)*. Sul retro *"Baby you're a rich man" (440)*. L'etichetta è Parlophon nera *(441, 442)* e l'edizione per juke box ha etichetta bianca con caratteri neri *(443, 444)*.

1967

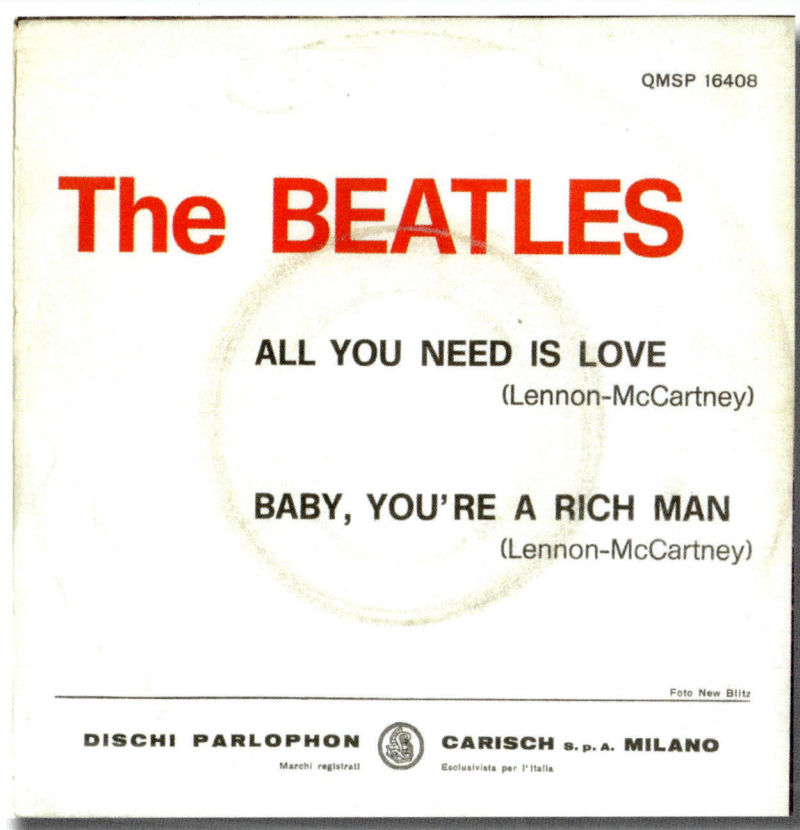

The presence of Jagger and Richards in the filming of **"Our World"** the first planetary live television program broadcasted on June 25, 1967, is beyond doubt and evidenced by the television images. The participation in the registration of the song for the single release at the Olympic Studios remains uncertain. The cover of the single pictures the Fab four with the posters used for filming **"Our World" (423)**. On the back **"Baby you're a rich man" (424)**. The label is black Parlophon **(425, 426)** and the juke box issue has white label and black lettering **(427, 428)**.

1970

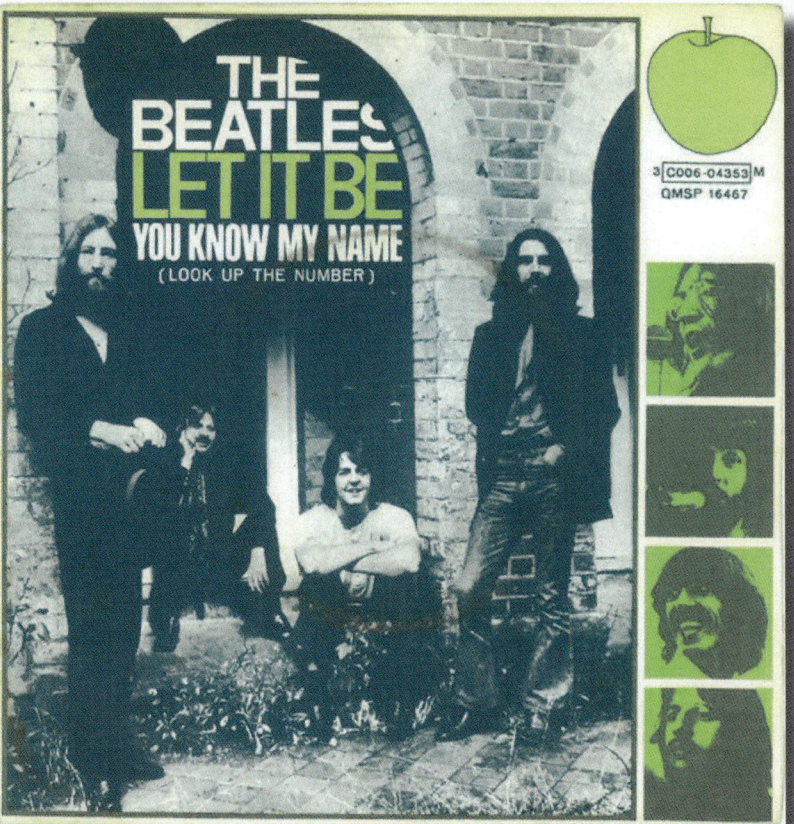

447

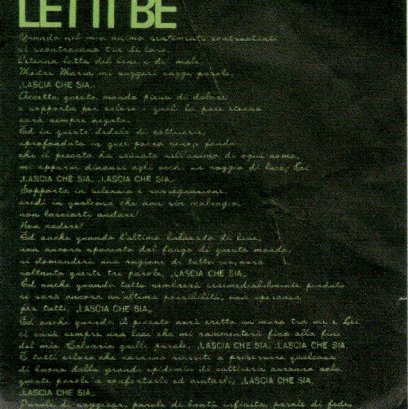
450

THE BEATLES
Let it be/You know my name (look up the number)
04353 M/A; 04353 M/B
APPLE QMSP-16467 (1970)

445

449

Per le registrazioni di *"You know my name (Look up the number)"* che compare sul lato B di *"Let it be" (445, 446)* i Beatles si avvalgono di Brian Jones al sassofono. L'edizione italiana del singolo è su etichetta Apple che presenta nella prima edizione un errore nel titolo che diventa *"Look u the number" (447)*, successivamente corretto *(448, 449)*. Un foglietto con la traduzione di *"Let it be"* viene al-

1970

448

446 451

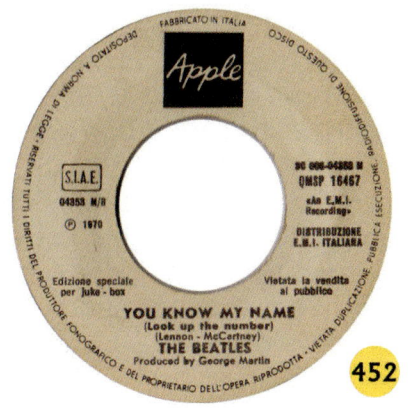
452

legato alla prima edizione **(450)**. L'edizione per juke box è stampata in etichetta bianca **(451, 452)**.

*For the recording sessions of **"You know my name (Look up the number)"** which appears on the B side of **"Let it be" (430, 431)** the Beatles took advantage of Brian Jones on the saxophone. The Italian edition of the single is on an Apple label which in the first edition presents a misspressing in the title which becomes **"Look u the number" (432)**, subsequently corrected **(433, 434)**. A leaflet with the translation of **"Let it be"** is enclosed in the first edition (435). The juke box issue is printed on a white label and black lettering **(436, 437)**.*

1969

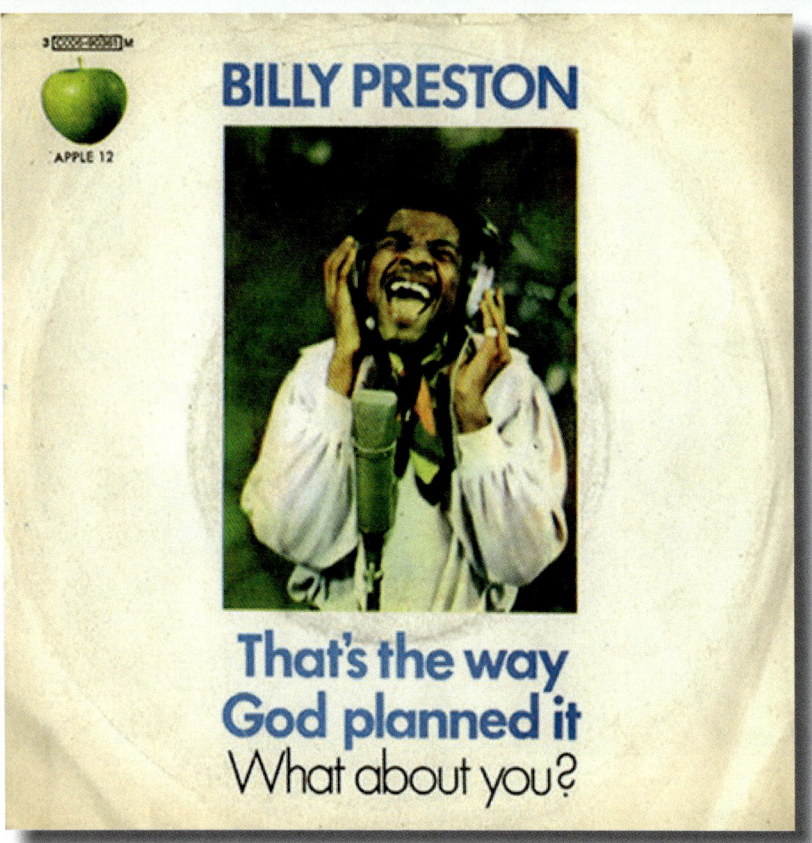

BILLY PRESTON
That's the way God planned it/What about you ?
90361 M/A; 90361 M/B
APPLE 12 (C006 90361M) (1969)

La prima incisione di Billy Preston su etichetta Apple è *"That's the way God planned it"*, un brano che mescola la tradizione del gospel con la musica rock. Prodotto a Londra da George Harrison, il disco contiene contributi di Eric Clapton, Ginger Baker, Doris Troy e Keith Richards che suona il basso. La versione su 45 giri **(453, 454, 455, 456)** è più breve di quella contenuta nell'album omonimo.

1969

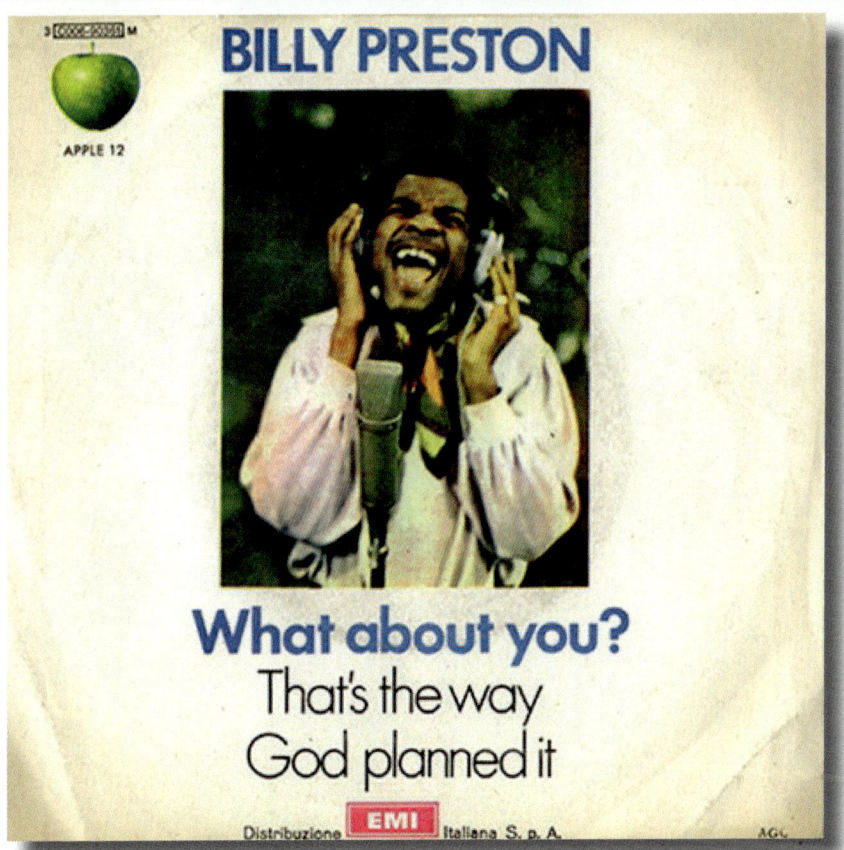

454

456

PARTECIPAZIONI · PARTICIPATIONS

Billy Preston's first release on the Beatles' Apple record label was **"That's the way God planned it"** a track that mixed the gospel tradition with rock music. The record was produced by George Harrison in London, and featured contributions from Eric Clapton, Ginger Baker, Doris Troy and Keith Richards on bass guitar. Having been edited down to three minutes for its single release, the full version only appeared on the album **(453, 454, 455, 456)**.

1968

THE END
Shades of orange/Loving, sacred loving
XDR 42139; XDR 42140
DECCA F-12750 (1968)

Bill Wyman produce e promuove i concerti questa band inglese, fino a quando si trasformano in *Tucky Buzzard* nel 1969. *"Shades of orange" (457, 458)* è l'unico singolo stampato dalla DECCA in Italia, vi prende parte oltre a Wyman anche Charlie Watts. L'etichetta è blu con logo in quadrato e riporta il numero di catalogo errato, F-12750 anzichè F-22750 **(459, 460)**; l'edizione per juke box è in etichetta bianca con numero di catalogo corretto **(461, 462)**.

1968

Bill Wyman produced and promoted in tour this English band, until they become Tucky Buzzard in 1969. **"Shades of orange" (457, 458)** is the only single released by DECCA in Italy, also Charlie Watts took part to the recording sessions in addition to Wyman. The label is blue with boxed DECCA logo **(459, 460)** and shows a wrong catalog number, F-12750F instead of F-22750; the edition for the juke box on white label has correct catalog number **(461, 462)**.

1970

PARTECIPAZIONI - PARTICIPATIONS

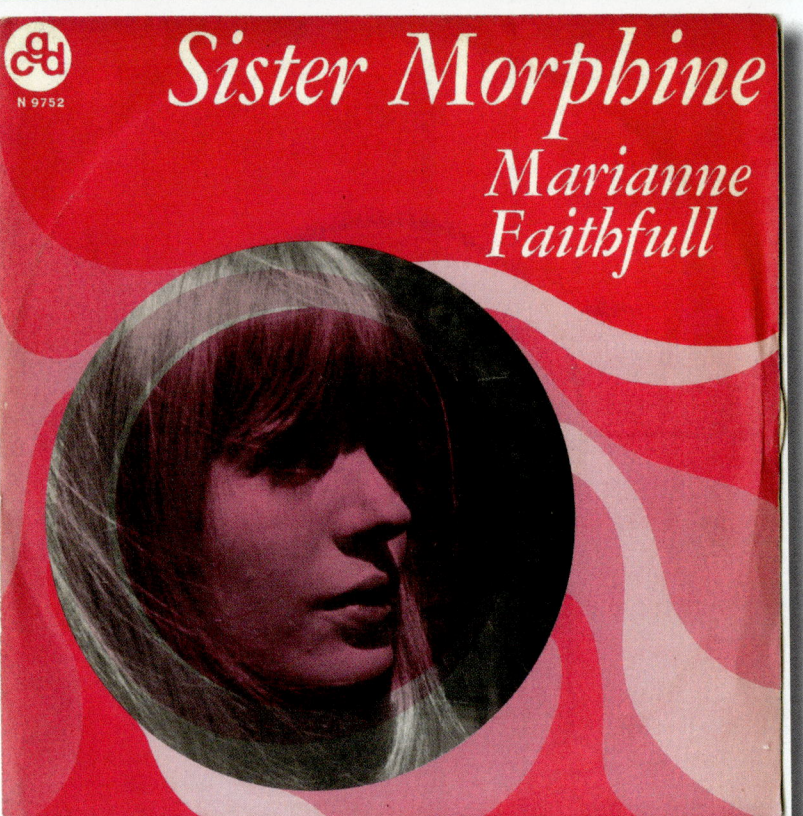

465

463

MARIANNE FAITHFULL
Sister Morphine/Something better
2C-9752-1N; 2C-9752-2N
CGD N-9752 (1970

Inciso un anno prima della versione dei Rolling Stones sull'album *"Sticky fingers"*, il disco di Marianne Faithfull, al contrario della versione per il mercato inglese (dove, peraltro venne bannato per il riferimento esplicito alla droga), presenta *"Sister Morphine"* sul lato a e *"Something better"* sul retro *(463, 464)*. All'incisione prendono parte oltre a Marianne alla voce, Jagger alla chitarra acustica, Ry Cooder alla chitarra slide e basso, Jack Nitzsche al piano e organo e Charlie Watts alla batteria. L'etichetta è CGD nera *(465, 466)*, non esiste versione per juke box.

1970

464

466

Cartolina promozionale CGD 1971
Promotional CGD postcard, 1971

Recorded a year before the Rolling Stones track on the album **"Sticky fingers"**, Marianne Faithfull's version, unlike the issue for the English market (where, however, was banned for the explicit references to drugs), presents **"Sister Morphine"** on the a side and **"Something better"** on the back **(463, 464)**. In addition to Marianne on vocals, Mick Jagger on acoustic guitar, Ry Cooder on slide and bass guitar, Jack Nitzsche on piano and organ and Charlie Watts on drums took part in the recording. The label is black CGD **(465, 466)**, there is no juke box version.

1972

MANASSAS
It Doesn't Matter / The Fallen Eagle / Rock & Roll Crazies Medley
K-10147/1; K-10147/2
ATLANTIC K-10147 (1972)

I Manassas sono un gruppo formato nel 1971 da Stephen Stills per la registrazione dell'album *"Stephen Stills 2"* e per il tour conseguente. Bill Wyman, in veste di amico personale di Stills, visitando la sala registrazione durante le sessioni, ha occasione di unirsi alla band per suonare il basso su alcuni brani blues inclusi nel loro omonimo album del 1972 tra cui *"Rock'n'roll crazies"* edita anche su singolo **(467,468,469,470)**.

1972

PARTECIPAZIONI - PARTICIPATIONS

Manassas was formed in the fall of 1971, following Stills' concert tour to support his album **"Stephen Stills 2"**. Bill Wyman, a friend of Stills visited Criteria during the sessions and contributed to the sessions by helping Stills re-write some blues tunes included in their self-titled album of 1972. Wyman also played bass on the track **"Rock'n'roll crazies"** published as single **(467, 468, 469, 470)**.

CARLY SIMON
You're so vain/ His friends are more than fond of Robin
EK 45824
ELEKTRA K-12077 (1972)

Nel 1972 Carly Simon incide *"You're so vain"* canzone dedicata a un uomo (forse Warren Betty) con cui aveva avuto una relazione, destinata a diventare uno dei suoi maggiori successi *(471)*. Mick Jagger ed Harry Nilsson partecipano alle parti vocali del brano. L'etichetta è Elektra rossa *(472)* a cui fa seguito la ristampa su etichetta *"butterfly"* l'anno successivo (473); esiste anche la versione juke box *(474, 475)*.

1972

In 1972 Carly Simon recorded **"You're so vain"** song dedicated to a man (perhaps Warren Beatty) with whom she had a relationship, destined to become one of her greatest hits **(471)**. Mick Jagger and Harry Nilsson participate in the vocal parts of the song. The label is red Elektra **(472)** followed by a reissue on the **"butterfly"** label the next year **(473)**; exists the juke box version in white label **(474, 475)**.

1977

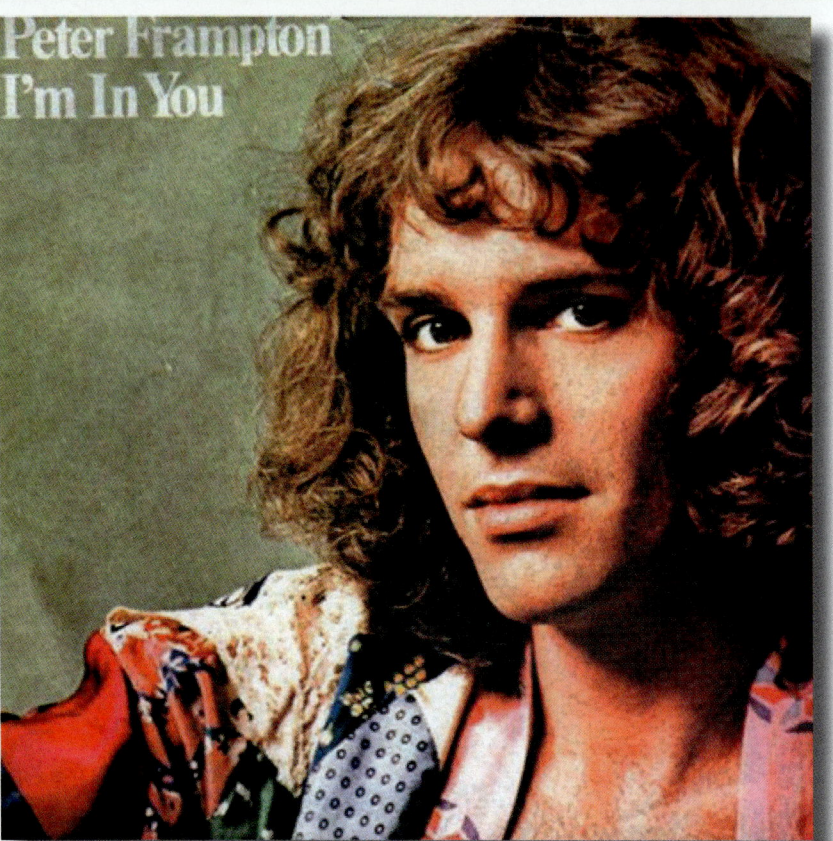

PETER FRAMPTON
I'm in you/St. Thomas (Know how I feel)
AM 45092/1; AM 45092/2
A&M AM-45092 (1977)

Alla registrazione dell'album *"I'm in you"* di Peter Frampton del 1977 presso gli studi Electric Lady di New York, prendono parte sia Stevie Wonder che Mick Jagger; quest'ultimo contribuisce al cantato sul brano omonimo. Il disco *(476, 477)* è inciso su etichetta A&M *(478, 479)* e non è nota l'esistenza dell'edizione per juke box.

1977

477

479

Stevie Wonder and Mick Jagger participated to the recording of Peter Frampton's 1977 album *"I'm in You"* at the Electric Lady studios in New York City. the latter contributes with backing vocals to the song of the same title. The single **(476, 477)** is recorded on the A&M label **(478, 479)** and is not known the existence of the juke box edition.

1978

PARTECIPAZIONI - PARTICIPATIONS

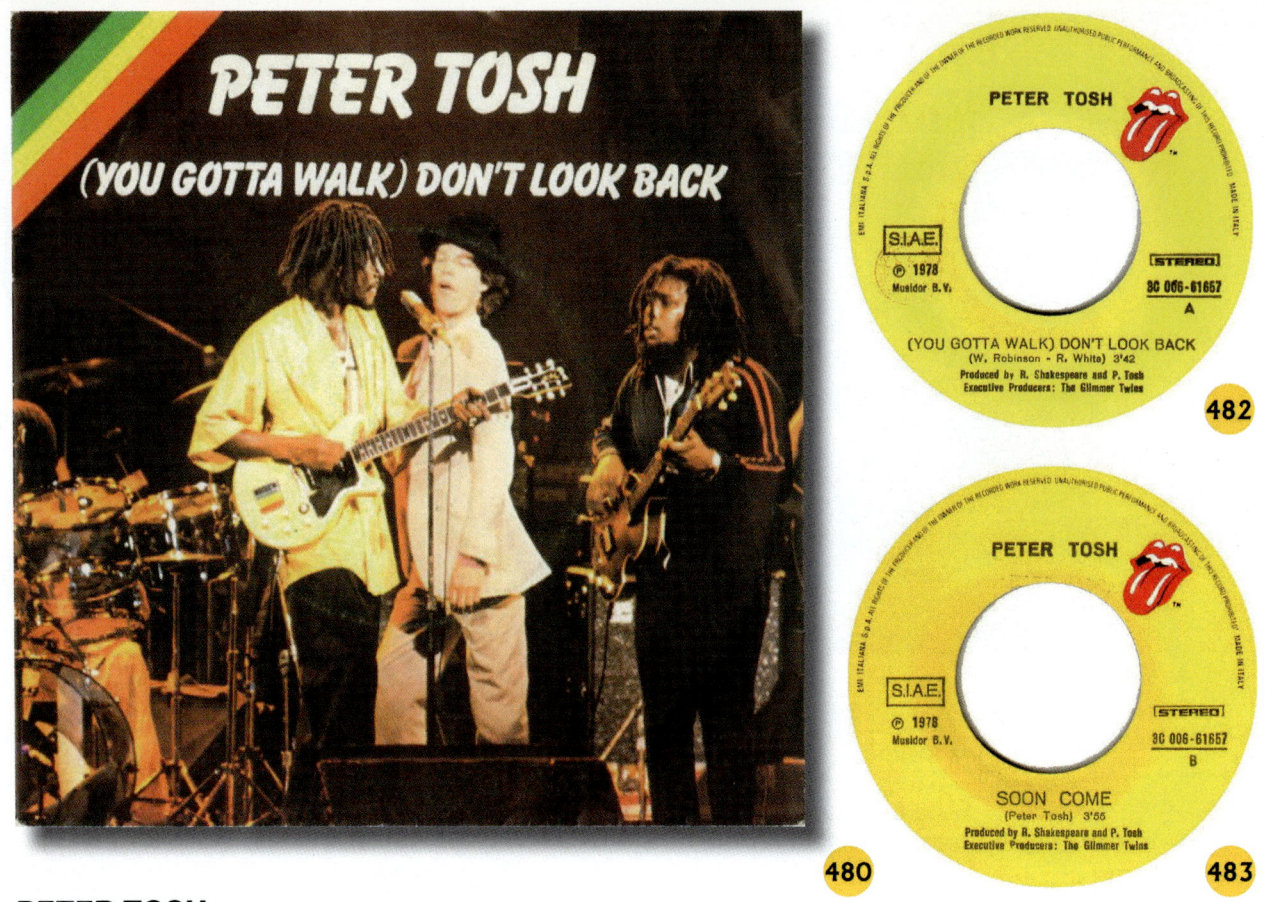

PETER TOSH
(You gotta walk) Don't look back/Soon come
ROLLING STONES RECORDS 3C 006-61657 (1978)

"(You gotta walk) Don't look back" un successo dei *Temptations* inciso nel 1965, viene ripreso in versione reggae nel 1978 da Peter Tosh con la partecipazione di Mick Jagger al canto e pubblicato dall'etichetta Rolling Stones Records. Mick Jagger compare anche in copertina *(480)*, mentre sul retro copertina figura la presentazione dell'album *"Bush doctor"* di Peter Tosh *(481)*. L'etichetta è gialla con logo *"labbra e lingua" (482, 483)*. L'edizione per juke box in etichetta bianca è accoppiata a *"A little more love"* di *Olivia Newton John (484, 485)*.

1978

PARTECIPAZIONI - PARTICIPATIONS

"(You gotta walk) Don't look back" that was a hit by the **Temptations** recorded in 1965 is resumed in a reggae version by Peter Tosh featuring vocals of Mick Jagger and released on Rolling Stones Records in 1978. Mick Jagger is pictured on front sleeve **(480)**, while on rear is presented the *"Bush doctor"* album by Peter Tosh **(481)**. The label is yellow with *"lips and tongue"* logo **(482, 483)**. The juke box version, in white label, is backed by **Olivia Newton John**'s *"A little more love"* **(484, 485)**.

1984

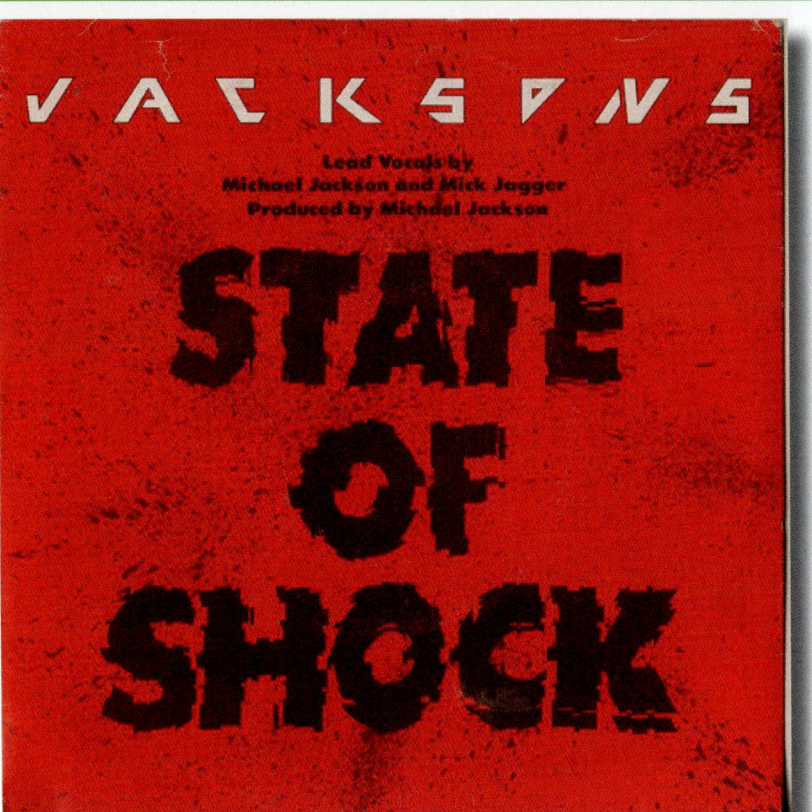

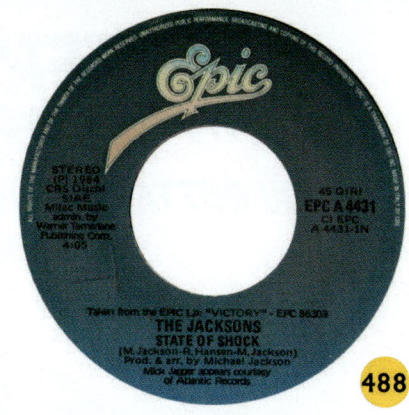

THE JACKSONS
State of shock/Your ways
CI EPC A 4431 1N;CI EPC 4431 2N
EPIC EPC- A 4431 (1984)

"State of shock" è un 45 pubblicato nel 1984 dai Jacksons che fa parte dell'album *"Victory"* e vede la partecipazione di Michael Jackson e Mick Jagger. Scritto da Michael Jackson e da Randy Hansen, il brano è stato in origine registrato con Freddy Mercury, ma nella sua versione definitiva sono Michael Jackson e Mick Jagger a duettare le parti vocali. L'edizione italiana del disco è identica alle edizioni realizzate per il resto del mondo *(486, 487)* in etichetta EPIC blu *(488, 489)*; l'edizione per juke box in etichetta bianca è accoppiata a *"Let's hear it for the boy"* di **Deniece Williams** (490, 491)

1984

"State of Shock" is a single released in 1984 by the Jacksons featuring frontman Michael Jackson and Mick Jagger, included in the Jacksons "Victory" album. The song was written by Michael Jackson and Randy Hansen. "State of shock" was originally recorded with Freddy Mercury, but the final version featured lead vocals by Michael Jackson and Mick Jagger. The italian issue is identical to all worldwide releases (486, 487) with blue EPIC labels (488, 489); the juke box issue is in white label and is backed by "Let's hear it for the boy" by Deniece williams (490, 491).

1985

492

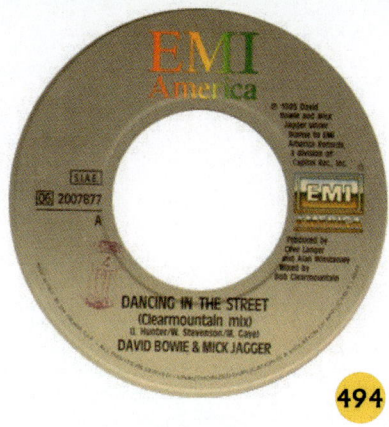
494

DAVID BOWIE & MICK JAGGER
Dancing in the street/Dancing in the street (instrumental)
EMI America 2007877 (1982)

La cover del celebre brano di **Martha & Vandellas** è realizzata da David Bowie e Mick Jagger per il **"Live Aid"**, su insistenza di Bob Geldof; in origine Bowie e Jagger avrebbero dovuto cantare il brano via collegamento satellitare con Bowie al Wembley Stadium di Londra e Jagger al John F. Kennedy Stadium in Philadelphia, ma per problemi causati nel ritardo del segnale satellitare, il progetto fu accantonato. La copertina è uguale in tutti i paesi mondiali **(492, 493)**, su etichetta EMI America **(494, 495)** e non si conosce una versione per juke box.

1985

PARTECIPAZIONI - PARTICIPATIONS

Bowie and Jagger covered the **Martha & Vandellas'** hit for the "**Live Aid**" charity at the insistence of Bob Geldof: Bowie and Jagger had originally planned to perform the song together at the 1985 Live Aid concerts via a satellite link-up, with Bowie performing at Wembley Stadium in London and Jagger at John F. Kennedy Stadium in Philadelphia, but since the satellite link-up would cause a delay, that made the performance impossible. The record **(492, 493)** was issued on EMI America label **(494, 495)** and there isn't a juke box version.

INDICE DELLE CANZONI
Songs Index

19Th Nervous Breakdown: *Pag. 48-62-126*
2000 Light Years From Home: *Pag. 66*
A Little More Love (Olivia Newton John): *Pag. 169*
Ain't Too Proud To Beg: *Pag. 100*
Alfie (Cilia Black): *Pag. 151*
All'ombra (Pascal): *Pag. 79*
All The Way Down: *Pag. 134*
All You Need Is Love (The Beatles): *Pag. 152*
Amale E Lasciale (Michael): *Pag. 140*
Angie: *Pag. 94-108*
Anybody Seen My Baby?: *Pag. 136*
Babe Make It Soon (Chris Farlowe): *Pag. 149*
Baby You're A Rich Man (The Beatles): *Pag. 152*
Back Street Girl: *Pag. 62*
Beast Of Burden (Live): *Pag. 124*
Bella Mia (Silver): *Pag. 82*
Biciclette Bianche (Caterina Caselli): *Pag. 140*
Bitch: *Pag. 78*
Brown Sugar: *Pag. 78*
Can Can (Stainless Steal): *Pag. 112*
Carol: *Pag. 24-86*
Cherry Oh Baby: *Pag. 108*
Chiedi, Chiedi (I Camaleonti): *Pag. 141*
Child Of The Moon: *Pag. 68*
Con Le Mie Lacrime: *Pag. 46-74-88-110-126*
Copacabana (Barry Manilow): *Pag. 116*
Crazy Mama: *Pag. 106*
Dance: *Pag. 118*
Dance Little Sister: *Pag. 100*
Dancing In The Street (David Bowie - Mick Jagger): *Pag. 172*
Dancing In The Street (Instrumental) (David Bowie - Mick Jagger): *Pag. 172*
Dancing With Mr.d: *Pag. 96*
Dandelion: *Pag. 64*
Don't Look Back(You Gotta Walk) (Peter Tosh): *Pag. 168*
Doo Doo Doo Doo (Heartbreaker): *Pag. 96*
Down In The Hole: *Pag. 118*
Edelweiss (Jimmy Wilson): *Pag. 139*
Eleanor Rigby (The Beatles): *Pag. 150*

Emotional Rescue: *Pag. 118*
Everybody Needs Somebody To Love: *Pag. 80*
Everybody's Talkin' (Fred Neil): *Pag. 138*
Far Away Eyes : *Pag. 112*
Fool To Cry: *Pag. 106*
Get Off Of My Cloud: *Pag. 44-62*
Get Ready (Roachford): *Pag. 136*
Gimmie Some Good Times (Lou Reed): *Pag. 112*
Going To A Go-Go (Live): *Pag. 124-126*
Goodbye Yellow Brick Road (Elton John): *Pag. 95*
Good Times Bad Times: *Pag. 20*
Harlem Shuffle: *Pag. 136*
Have You Seen Your Mother Baby, Standing In The Shadow?: *Pag. 56*
Heart Of Stone: *Pag. 46-74-88*
Highwire: *Pag. 136*
His Friends Are More Than Fond Of Robin (Carly Simon): *Pag. 164*
Honky Tonk Women: *Pag. 72*
I Don't Know Why: *Pag. 102*
If (Bread): *Pag. 79*
I Hear You Knocking (Dave Edmunds): *Pag. 143*
I Just Wanna Make Love To You: *Pag. 24-86*
I Wanna Be Your Man: *Pag. 12*
I'm Free: *Pag. 44*
I'm In You (Peter Frampton): *Pag. 166*
Inside (Stiltskin): *Pag. 136*
It Doesn't Matter (Manassas): *Pag. 162*
It's All Over Now: *Pag. 20*
It's Only Rock'n'roll: *Pag. 98*
Je Suis Un Rock Star (Si Si): *Pag. 145*
Jiving Sister Fanny: *Pag. 104*
Jumping Jack Flash: *Pag. 68*
Keep It Up (Olympic Runners): *Pag. 110*
Keep On Dancing (Gentrys): *Pag. 141*
Kids In America (Kim Wilde): *Pag.122*
Lady Jane: *Pag. 54-62-90-126*
Let It Be (Beatles): *Pag. 154*
Let's Hear It For The Baby (Deniece Williams): *Pag. 171*
Let's Spend The Night Together: *Pag. 58-126-140*

Little By Little: *Pag. 16*
Little Queenie: *Pag. 76*
Little Red Rooster: *Pag. 28-62*
Long Long While: *Pag. 52*
Love In Vain: *Pag. 76*
Love Is Strong: *Pag. 136*
Loving, Sacred Loving (The End): *Pag. 158*
Maybelline (Johnny Rivers): *Pag. 141*
Memo From Turner: *Pag. 142*
Memphis Tennesse (Tom Jones): *Pag. 141*
Midnight (Simone Jay): *Pag. 136*
Miss You: *Pag. 112-126*
Mixed Emotions: *Pag. 136*
Monkey Grip Glue: *Pag. 144*
Mother's Little Helper: *Pag. 54-90*
Mustang Sally (Wilson Pickett): *Pag. 140*
My First Night Without You (Cindy Lauper): *Pag. 136*
Natural Magic: *Pag. 142*
No Expectations: *Pag. 70*
No Particular Place To Go (Chuck Berry): *Pag. 141*
No Use In Crying: *Pag. 122*
Not Fade Away: *Pag. 16*
Off The Hook: *Pag. 28*
One Hit (To The Body): *Pag. 136*
Out Of Time: *Pag. 104-148*
Paint It, Black: *Pag. 52*
Play With Fire: *Pag. 32*
Respectable: *Pag. 116*
Rock & Roll Crazies Medley (Manassas): *Pag. 162*
Rock'n'roll Music (The Beatles): *Pag. 141*
Route 66: *Pag. 24-86-139*
Rubacuori (I Profeti): *Pag. 140*
Ruby Tuesday: *Pag. 58*
Run Rudolph Run: *Pag. 146*
Sad Day: *Pag. 92*
Satisfaction: *Pag. 36-62-74-84-126*
School Days (Chuck Berry): *Pag. 141*
Send It To Me: *Pag. 120*

Seventh Son (Johnny Rivers): *Pag. 141*
Shades Of Orange (The End): *Pag. 158*
She's A Rainbow: *Pag. 66*
She's So Cold: *Pag. 120*
Silver Train: *Pag. 94*
Sister Morphine (Marianne Faithfull): *Pag. 160*
So Fine (Ike & Tina Turner): *Pag. 68*
Something Better (Marianne Faithfull): *Pag. 160*
Sono Bugiarda (I'm A Believer) (Caterina Caselli): *Pag. 140*
Soon Come (Peter Tosh): *Pag. 168*
St. Thomas (Know How I Feel) (Peter Frampton): *Pag. 166*
Start Me Up: *Pag. 122*
State Of Shock (The Jacksons): *Pag. 170*
Stay With Me (Eight Wonder): *Pag. 136*
Stoned: *Pag. 12*
Street Fighting Man: *Pag. 70-80*
Surprise Surprise: *Pag. 80*
Sweet Black Angel: *Pag. 82*
Talkin' About You: *Pag. 48-141*
Tell Me: *Pag. 24-86*
That's The Way God Planned It (Billy Preston): *Pag. 156*
The Edge Of Heaven (Wham): *Pag. 136*
The Fallen Eagle (Manassas): *Pag. 162*
The Harder They Come: *Pag. 146*
The Heat Of The Moment (Asia): *Pag. 145*
The Last Time: *Pag. 32-62*
The Under Assistant West Coast Promotion Man: *Pag. 36-74-84*
Through The Lonely Nights: *Pag. 98*
Try A Little Harder: *Pag. 102*
Tumbling Dice: *Pag. 82*
Under My Thumb: *Pag. 139*
Undercover (Of The Night): *Pag. 134*
Waitin' On A Friend: *Pag. 126*
We Love You: *Pag. 64*
What About You? (Billy Preston): *Pag. 156*
When The Whip Comes Down : *Pag. 116*
Where We Belong (Jimmy Wilson): *Pag. 139*
White Lightnin': *Pag. 144*

Who's Driving Your Plane: *Pag. 56*
Yellow River (Christie): *Pag. 138*
Yellow Submarine (The Beatles): *Pag. 150*
Yesterday's Papers: *Pag. 62*
You Can't Always Get What You Want : *Pag. 72-92*
You Know My Name (Look Up The Number) (The Beatles): *Pag. 154*
You're So Vain (Carly Simon): *Pag. 164*
Your Ways (The Jacksons): *Pag. 170*

BIBLIOGRAFIA
Bibliography

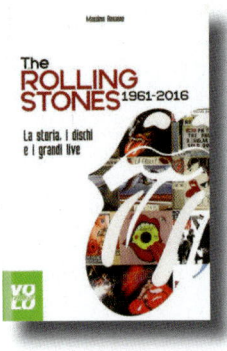

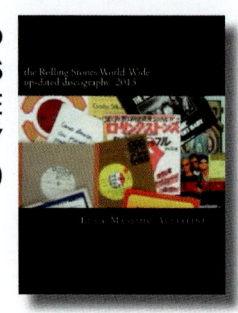

ACCIALINI Luca Massimo
THE ROLLING STONES
WORLD WIDE
UPDATED DISCOGRAPHY
Amazon (2015)

BUONANNO Massimo
THE ROLLING STONES
1961-2016 – Volo libero (2017)

CARR Roy – THE ROLLING STONES:
AN ILLUSTRATED RECORD
Random House (1977)

CLAYSON Alan – THE ROLLING STONES
ALBUM FILE AND
COMPLETE DISCOGRAPHY
Cassell Illustrated (2006)

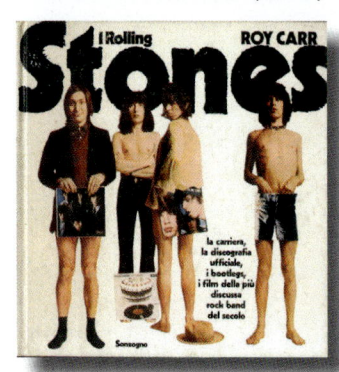

DALTON David
ROLLING STONES:
AN UNAUTHORIZED
BIOGRAPHY IN WORDS,
PHOTOGRAPHS AND MUSIC
Music Sales (1972)

ELLIOTT Martin - THE ROLLING STONES
COMPLETE RECORDING
SESSIONS
Cherry Red Books (2012)

GIULIANO Geoffrey
THE ROLLING STONES ALBUM:
THIRTY YEARS OF MUSIC AND MEMORABILIA
Studio (1993)

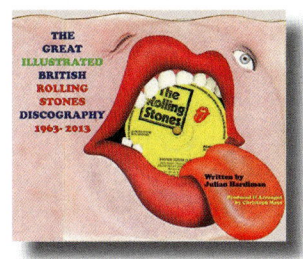

HARDIMAN Christopher, MAUS Julian
THE GREAT ILLUSTRATED BRITISH
ROLLING STONES DISCOGRAPHY
Mause of Music (2013)

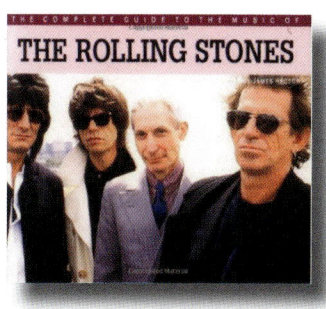

HECTOR James
THE COMPLETE GUIDE
TO THE MUSIC OF
THE ROLLING STONES
Omnibus Press (1995)

PAYTRESS Mark– THE ROLLING STONES:
OFF THE RECORD – Omnibus Press (2003)

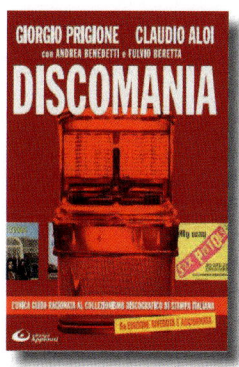

PRIGIONE Giorgio
ALOI Claudio
DISCOMANIA
Applausi (2013)

SALVATORI Dario – SATISFACTION
(LA RIBELLIONE DEL ROCK)
Sprea Music (2018)

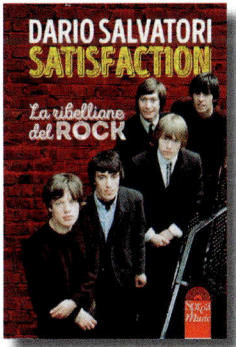

WYMAN Bill
ROLLING WITH
THE STONES
Dorling Kindersley (2002)

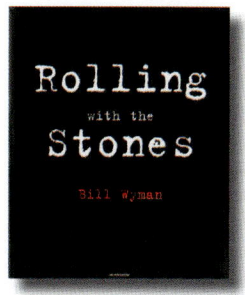